TOKYO
THROUGH THE LOOKING GLASS
A PHOTOGRAPHIC EXPLORATION

HAE WON SHIN

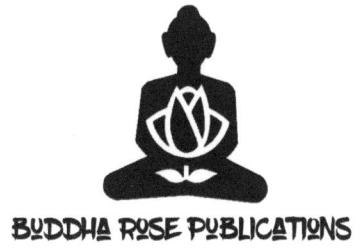

BUDDHA ROSE PUBLICATIONS

Tokyo Through the Looking Glass
Copyright © 2016 by Hae Won Shin
All Rights Reserved.

First Edition 2016

ISBN 10: 1-949251-01-2
ISBN 13: 978-1-949251-01-2

Printed in the United States of America

10 9 8 7 6 5 4 3 2 1

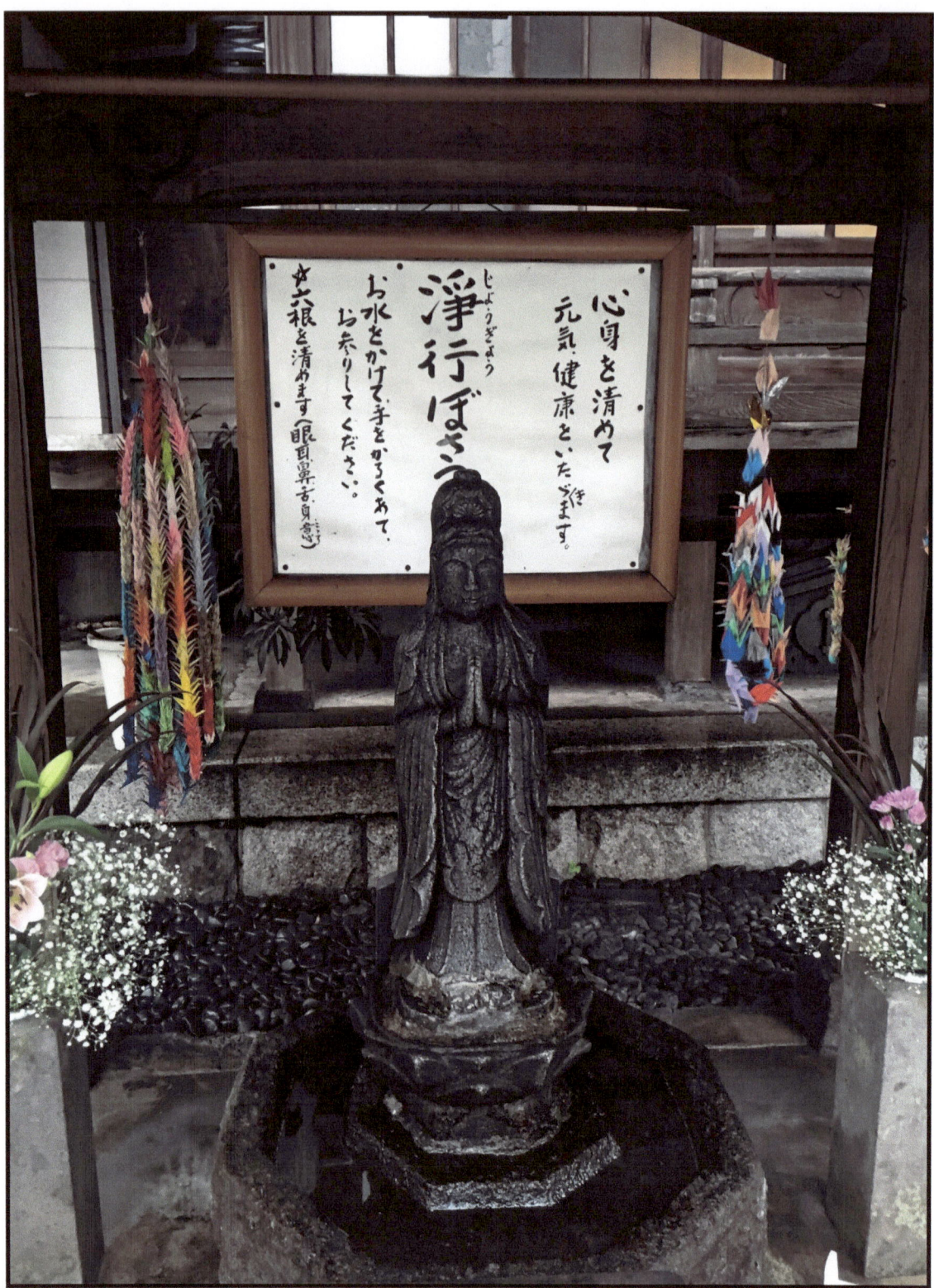

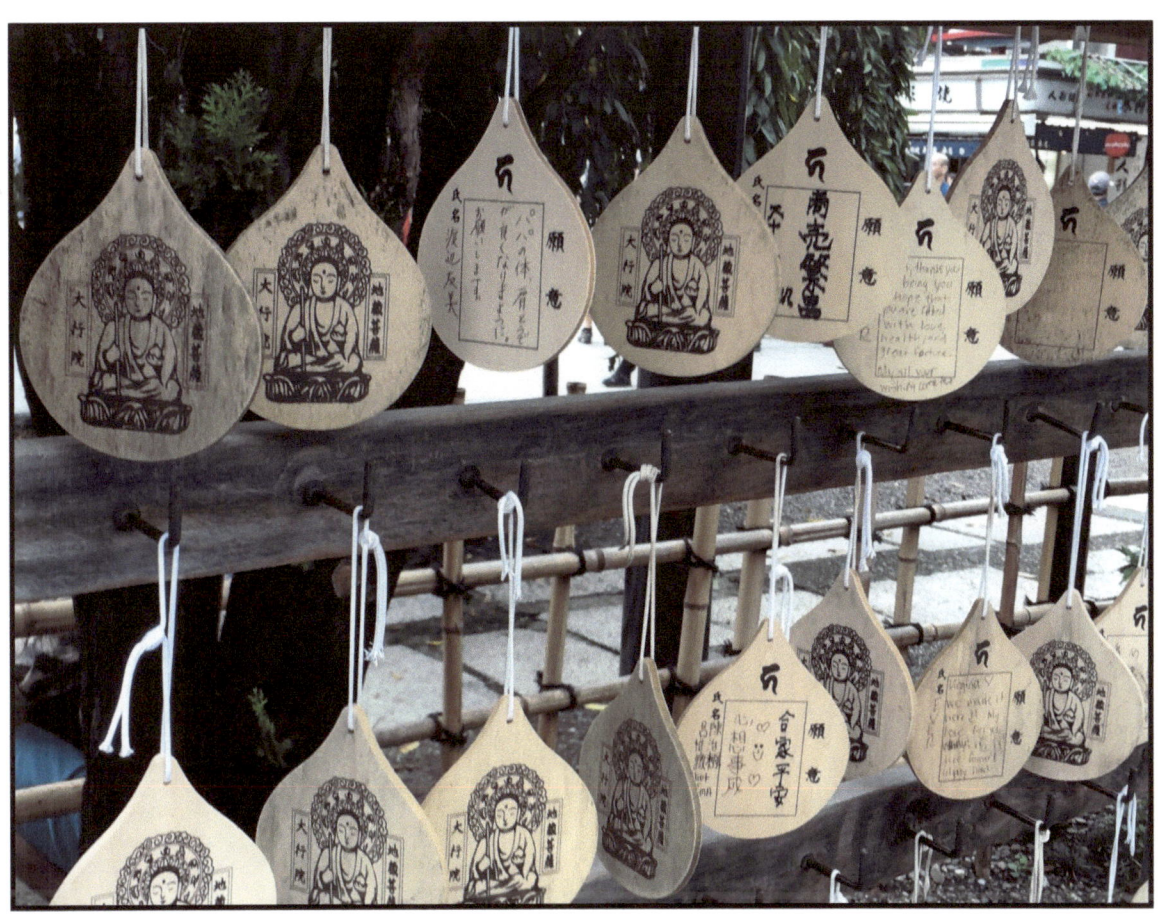

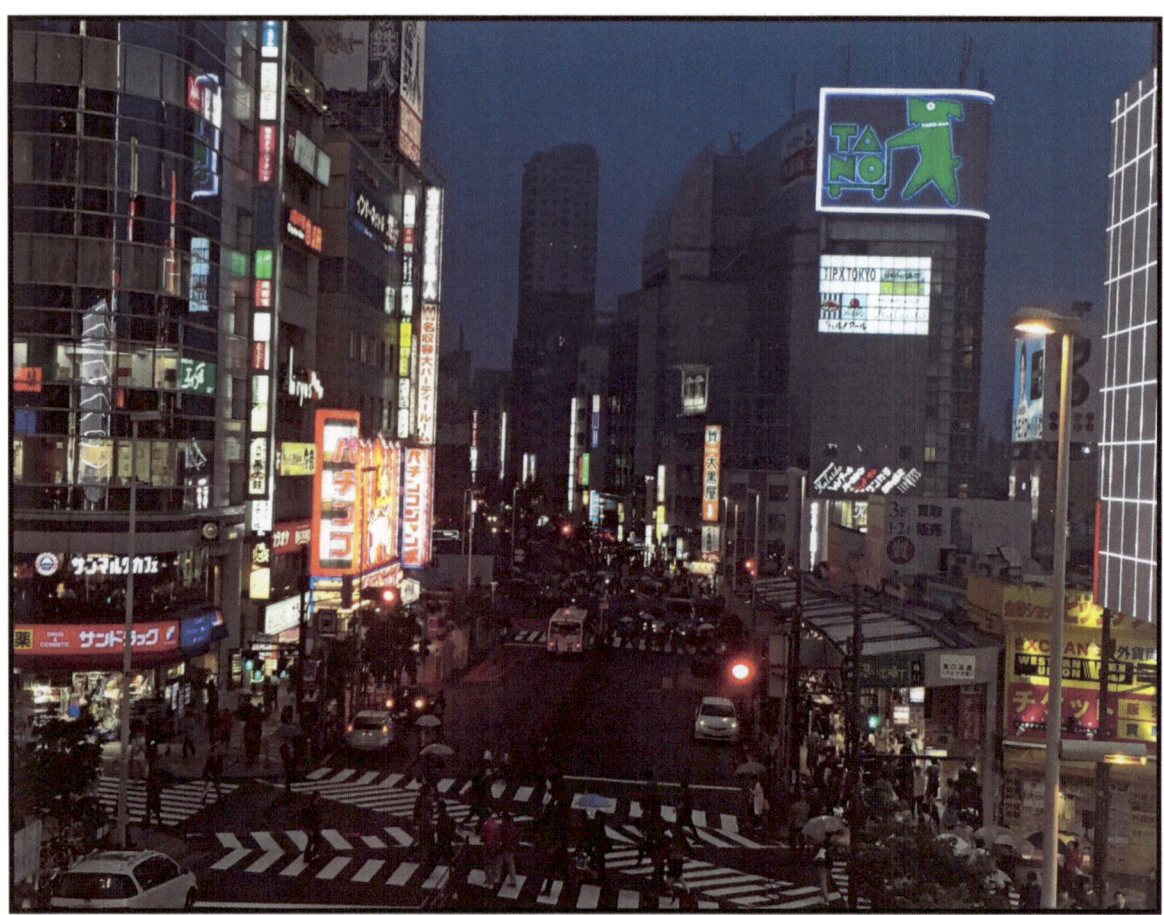

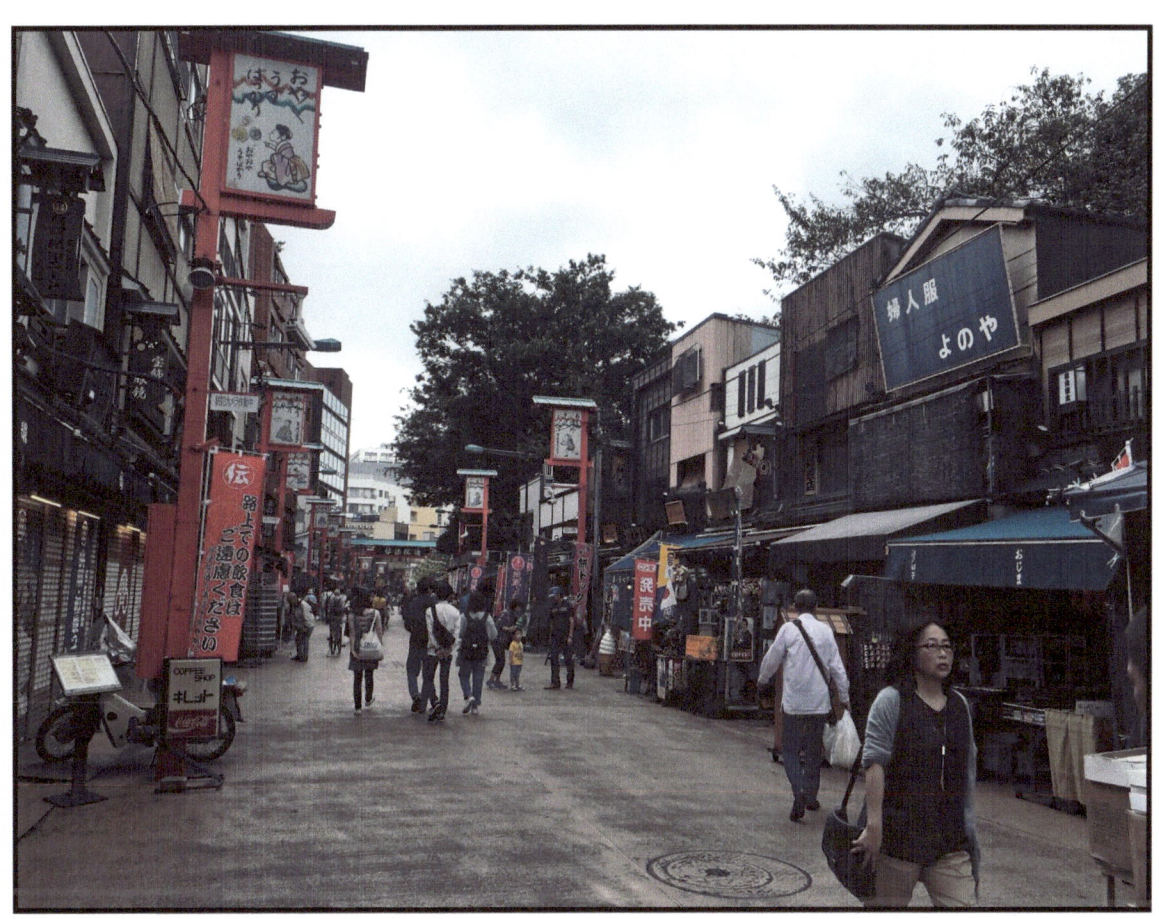

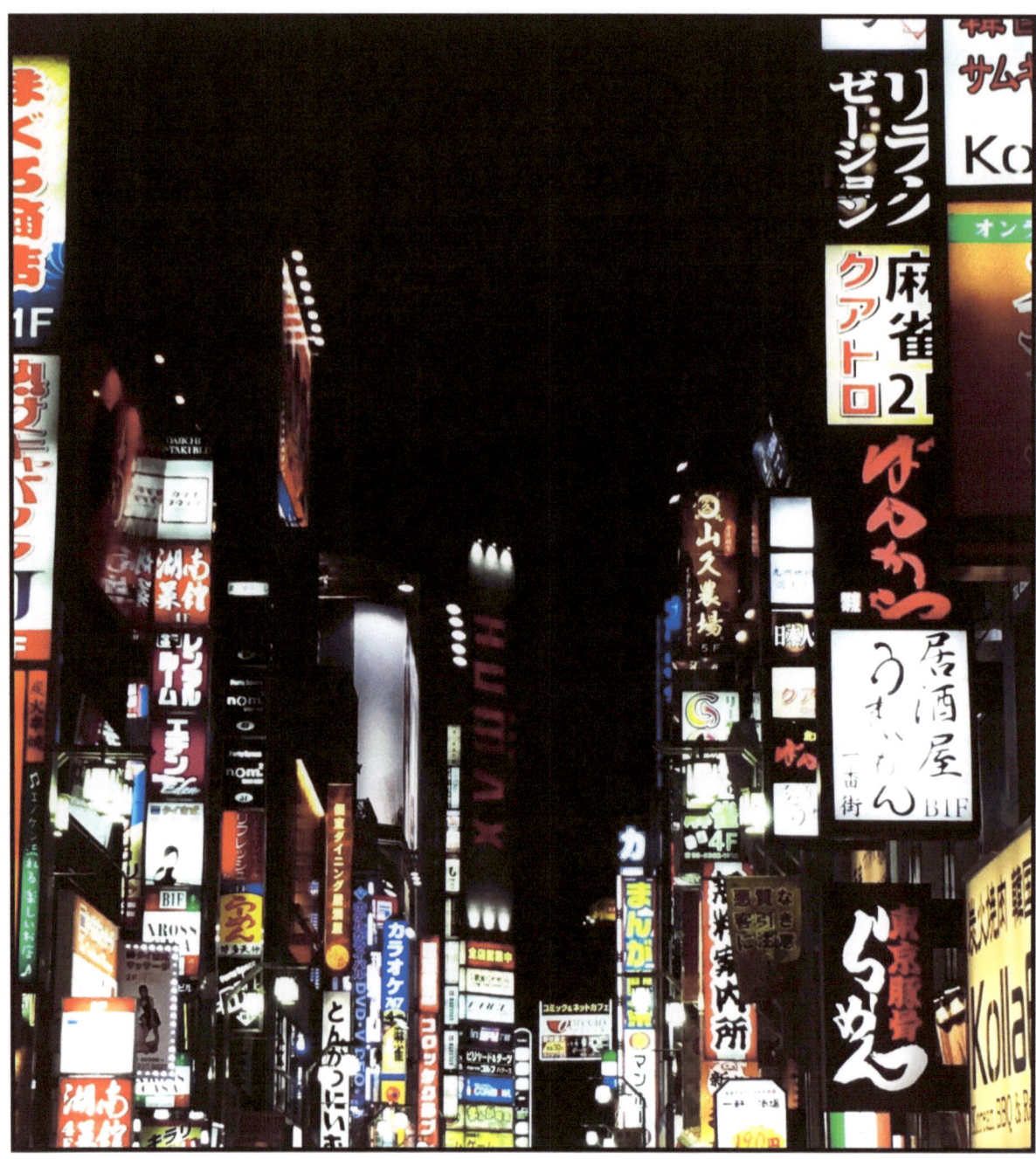

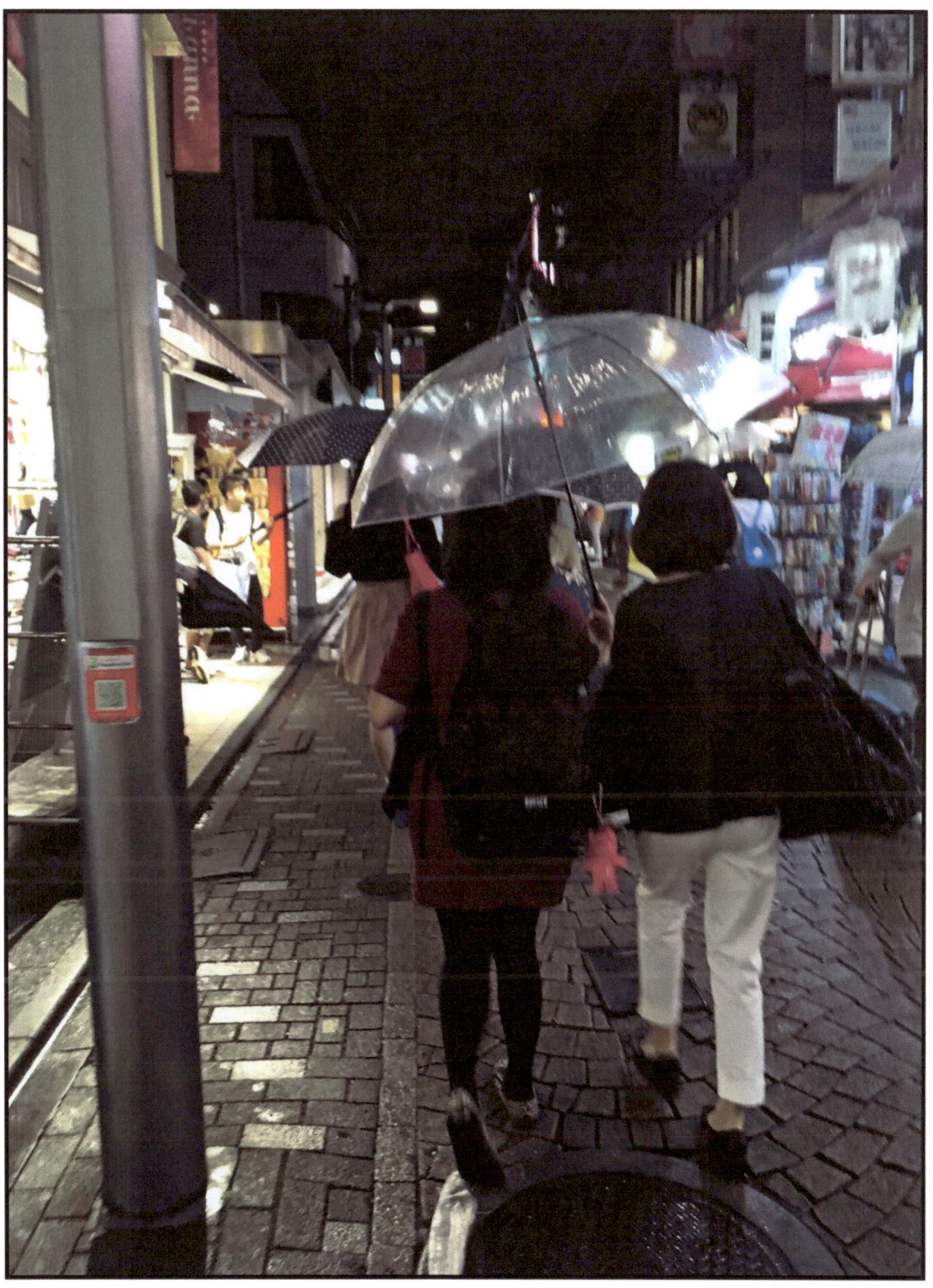

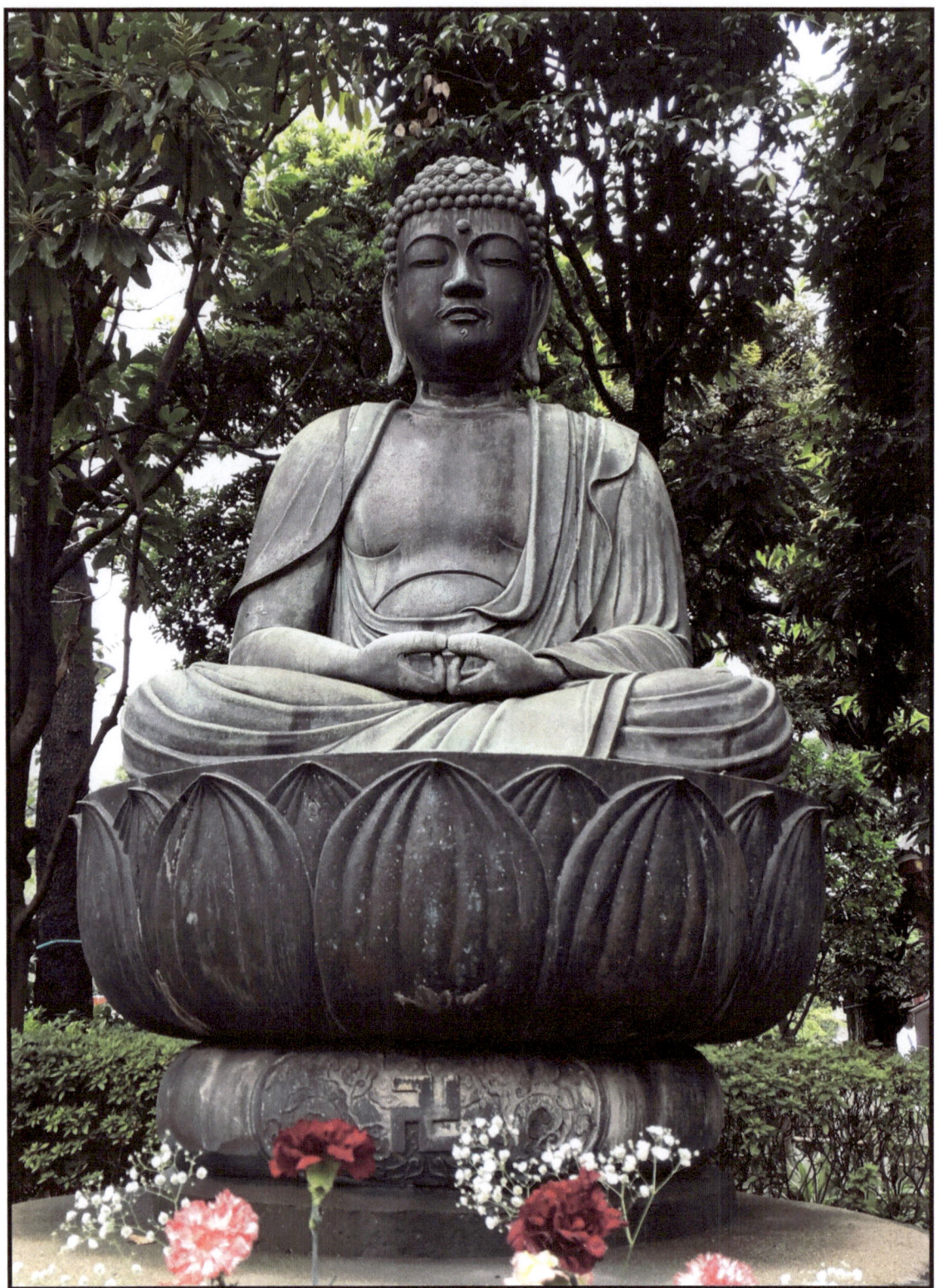

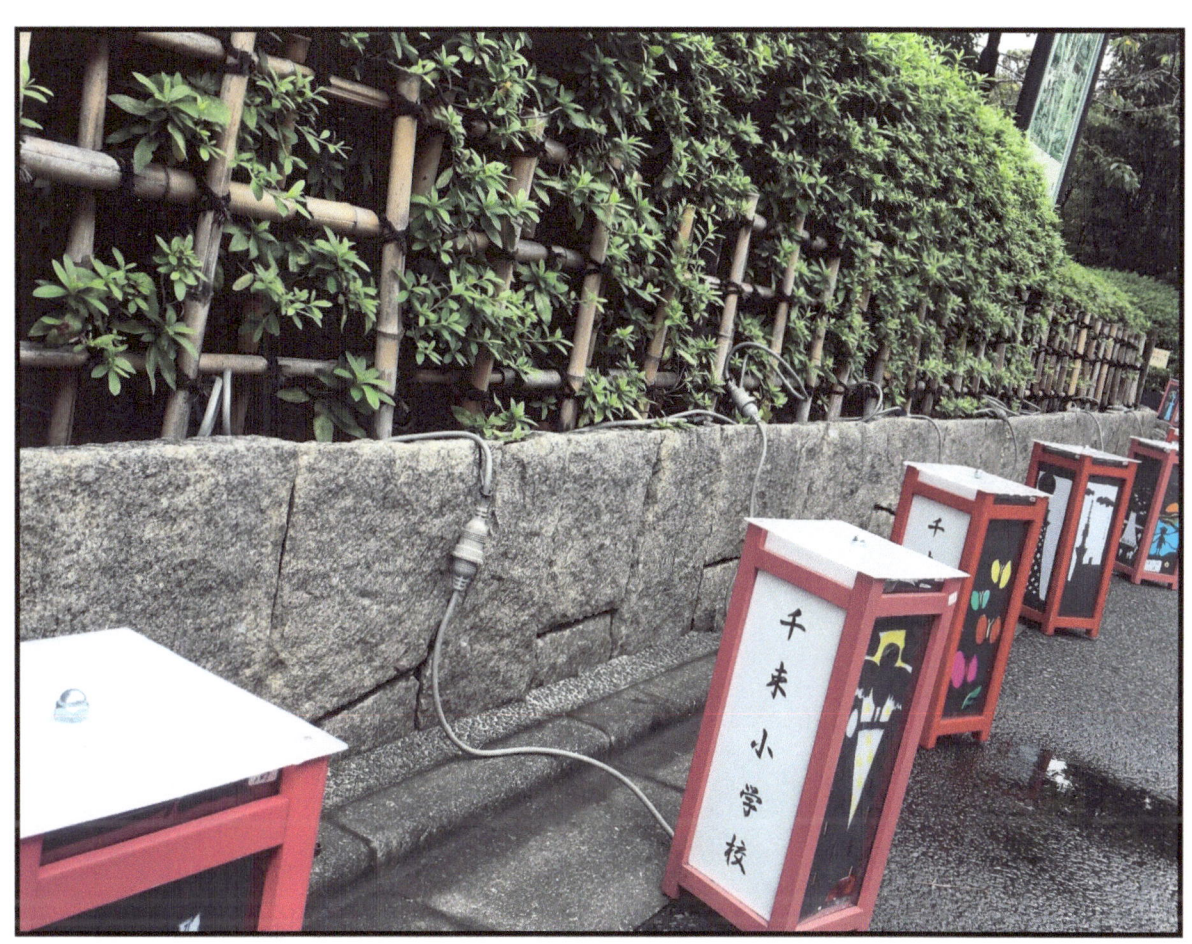

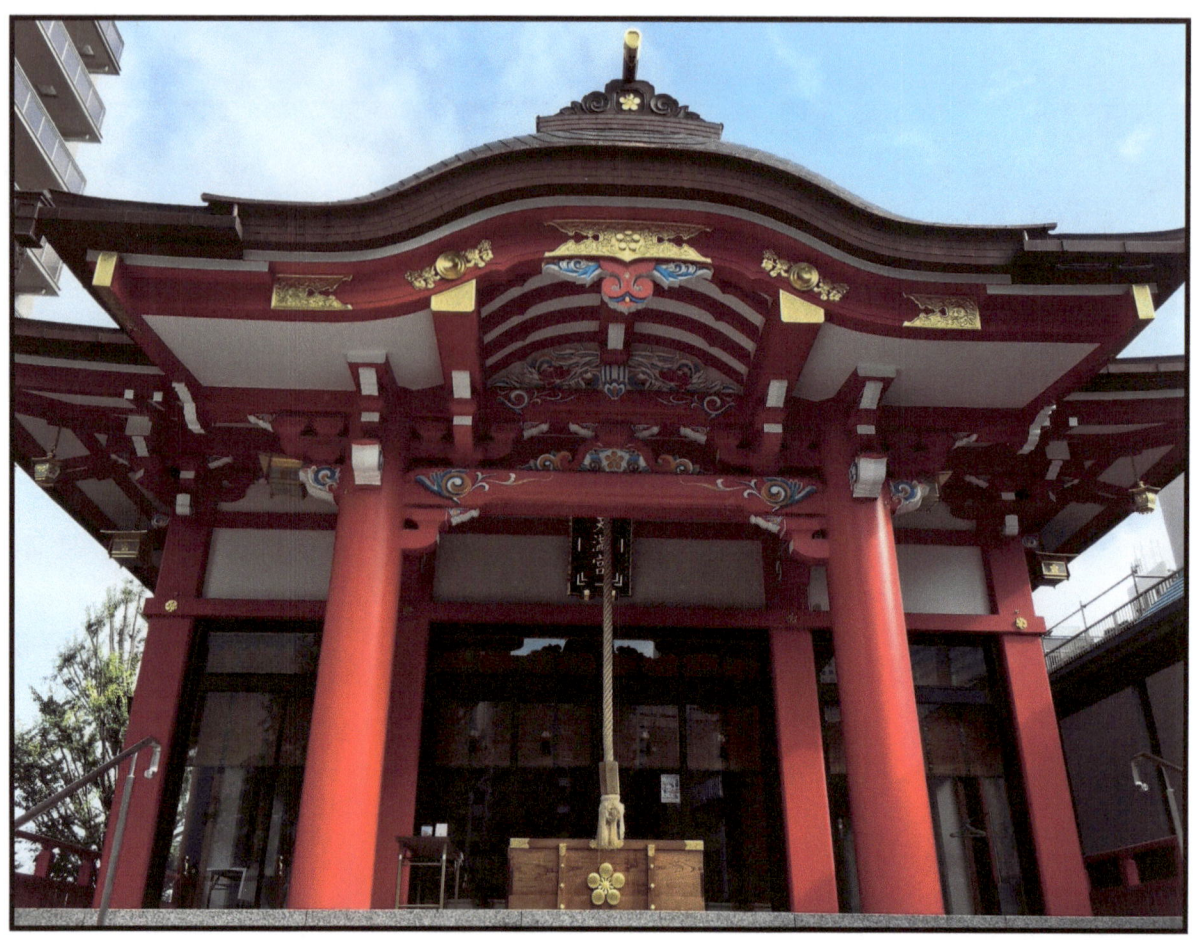

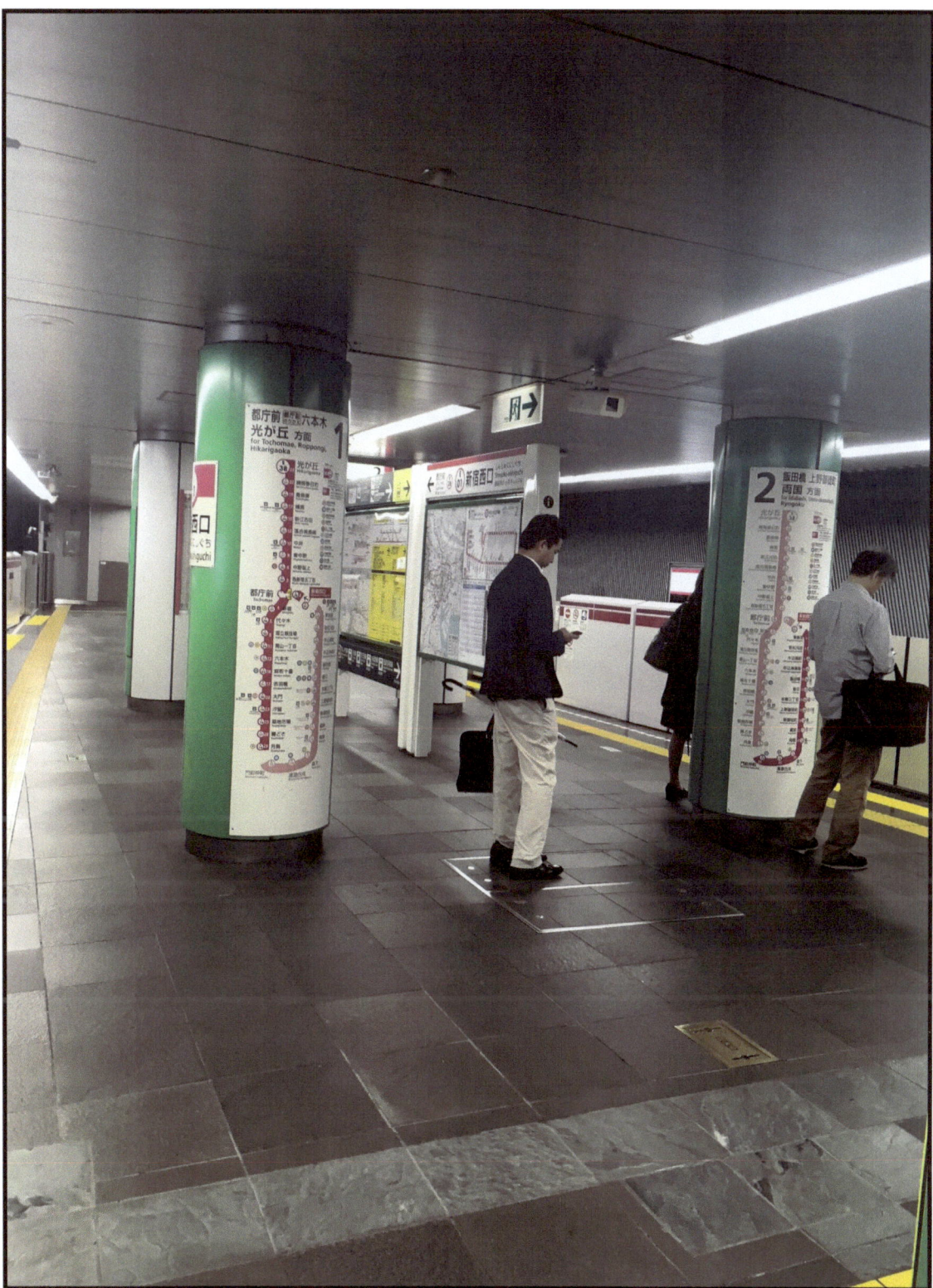

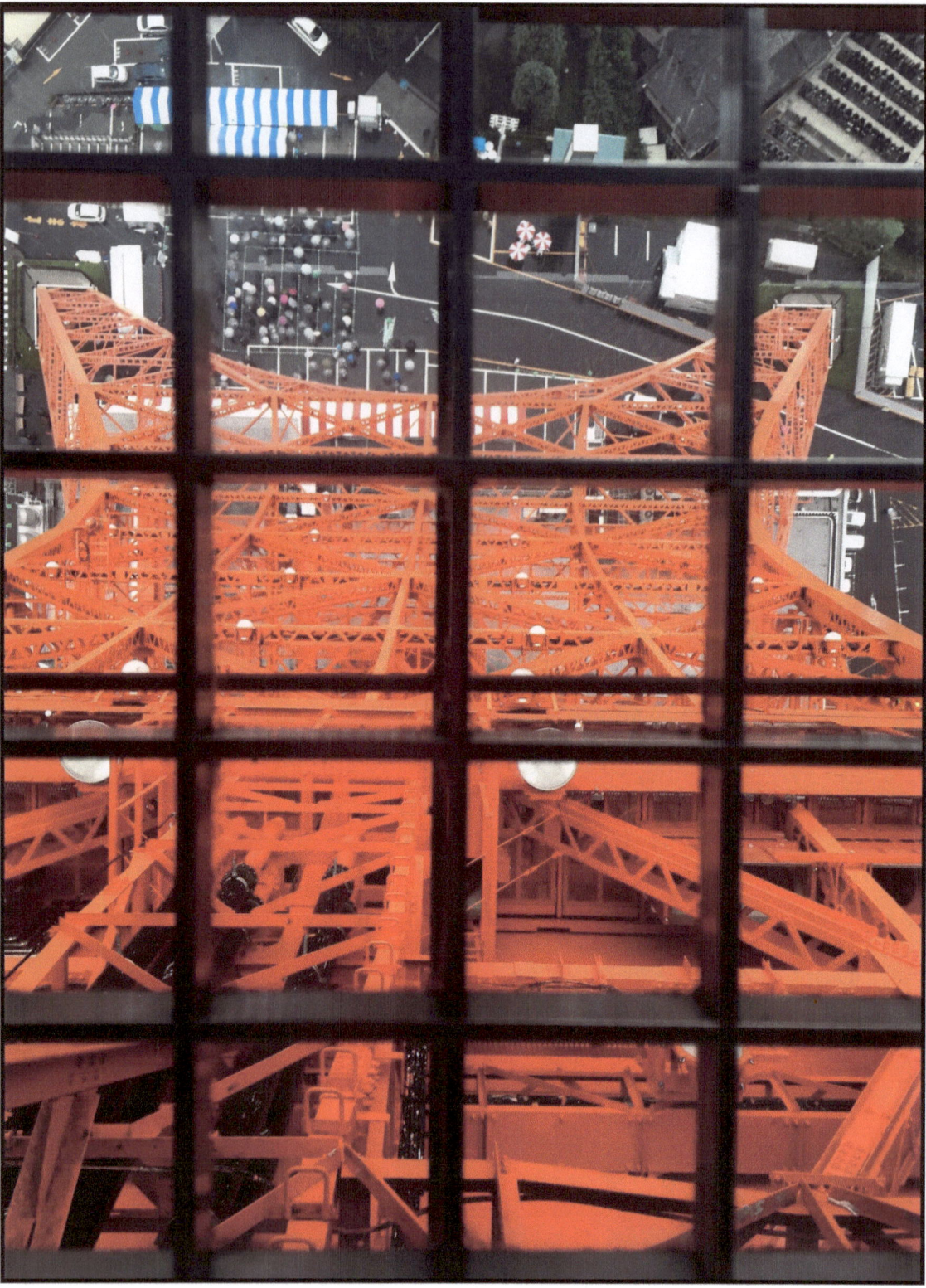

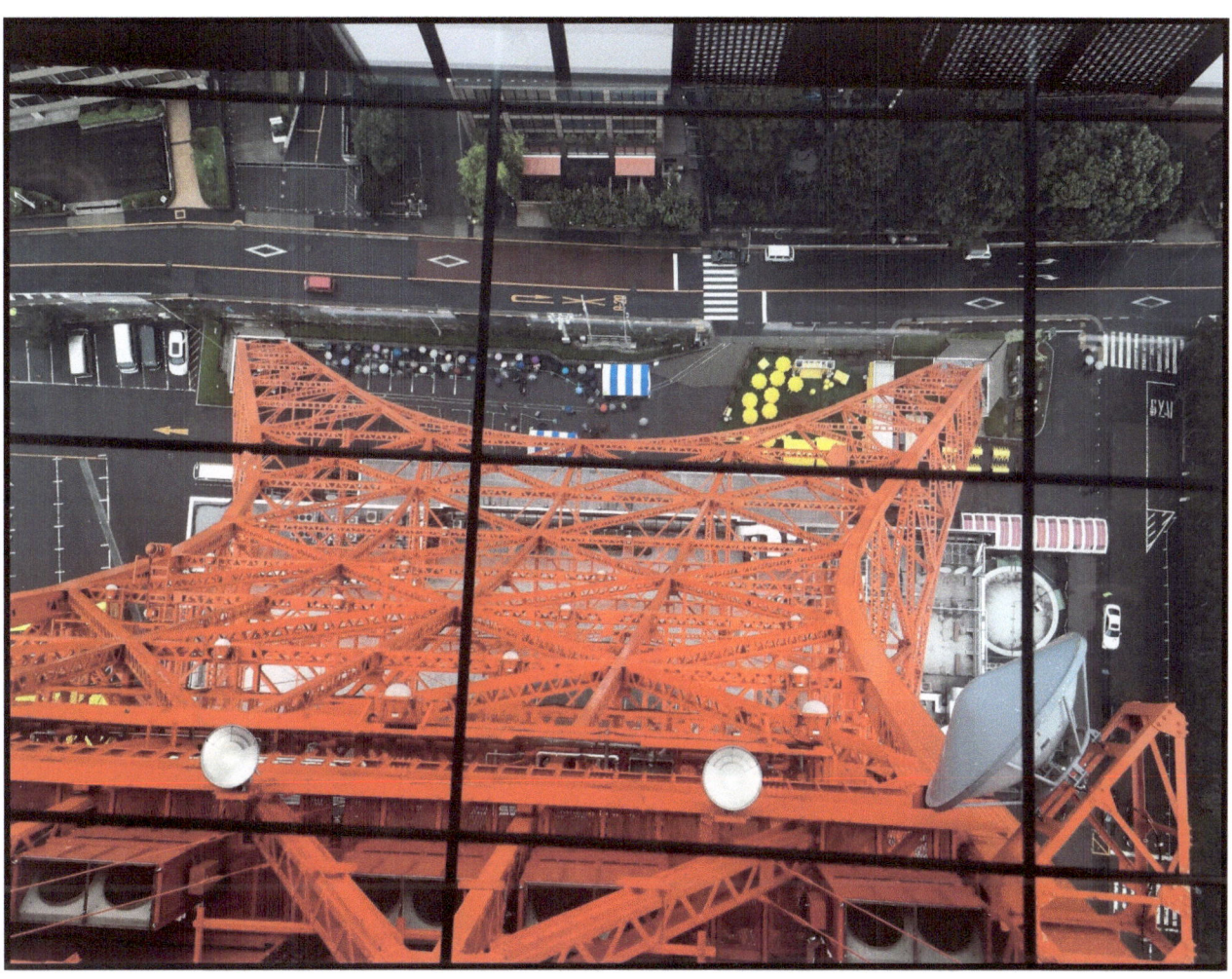

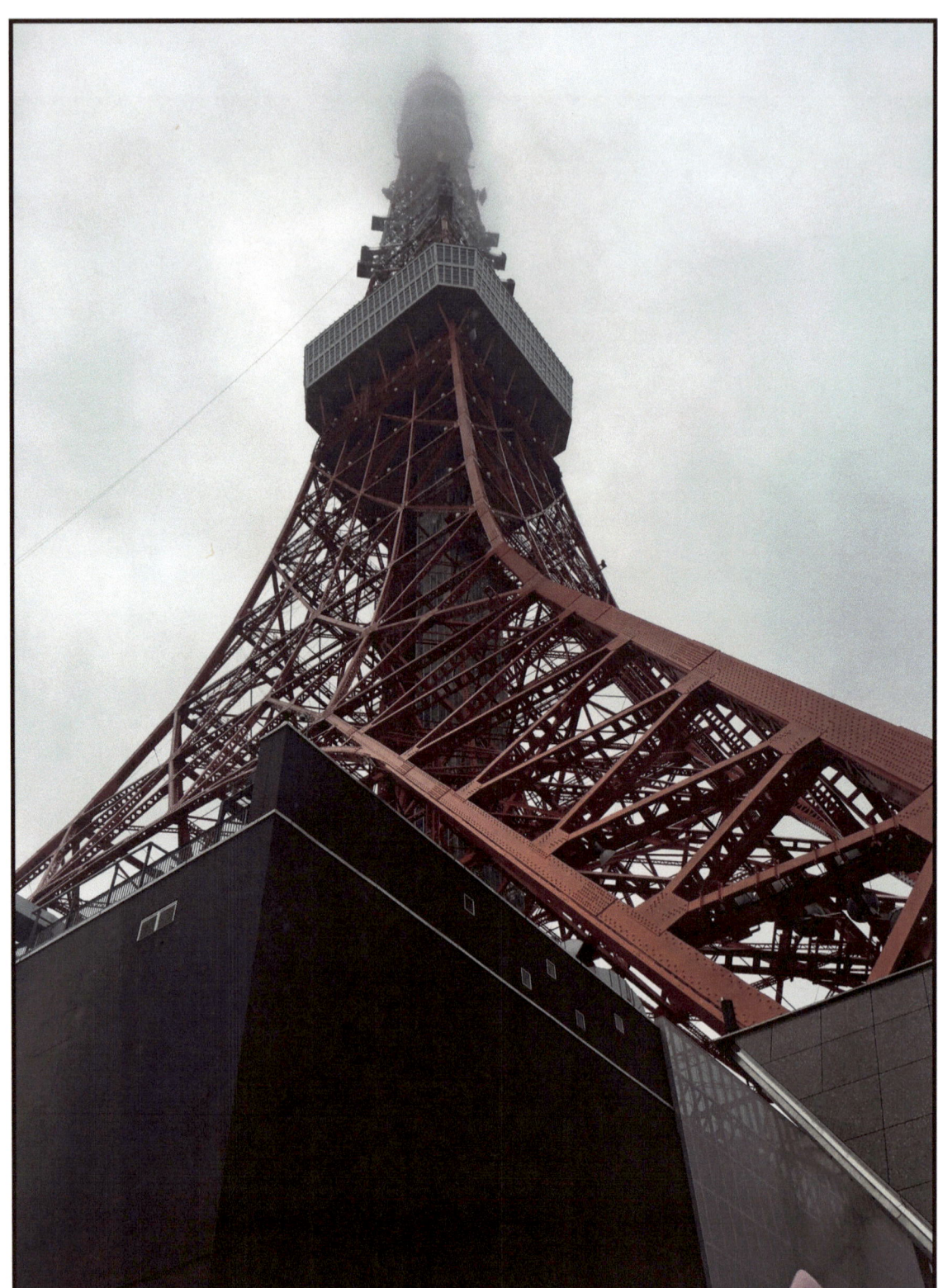

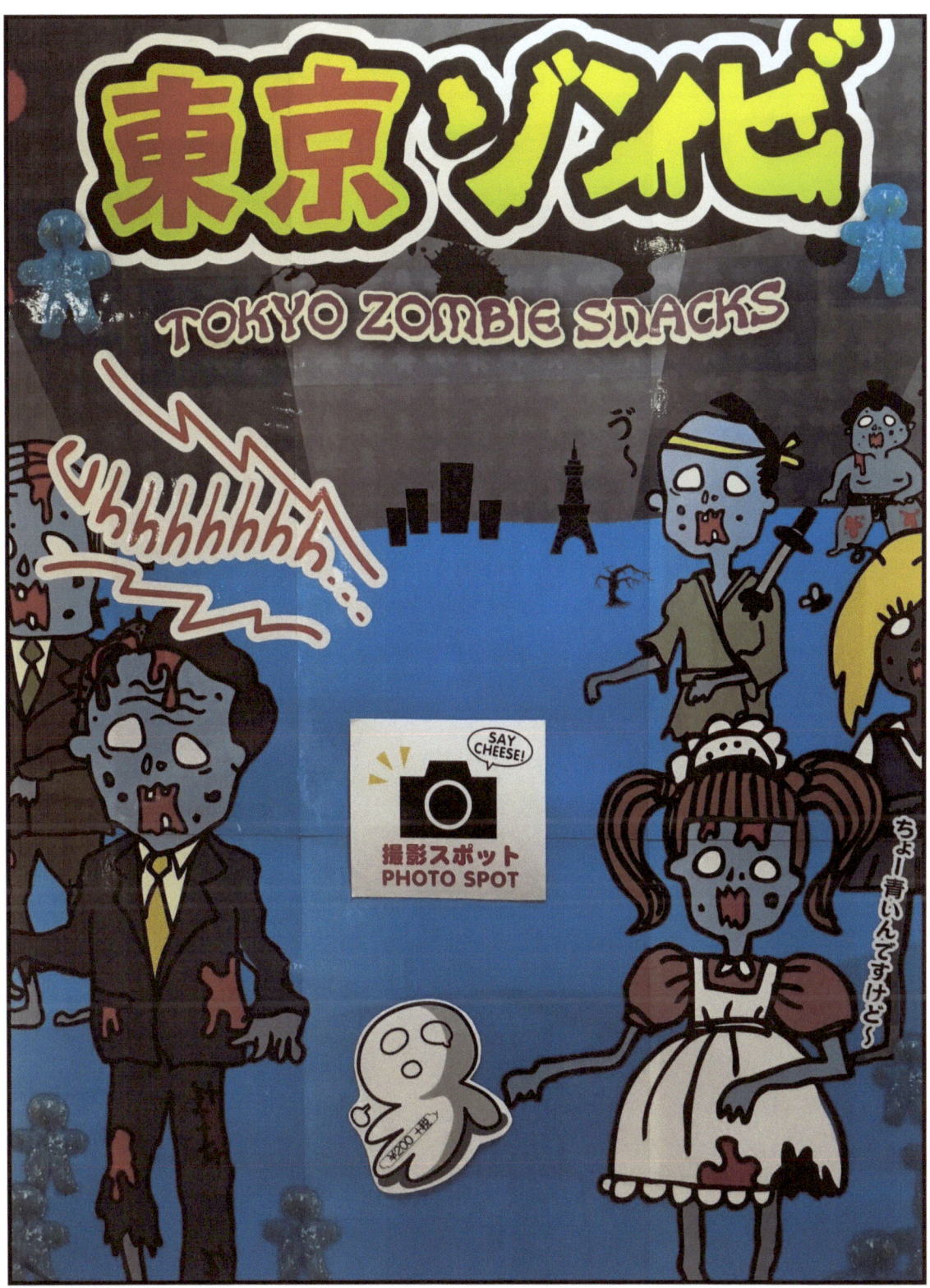

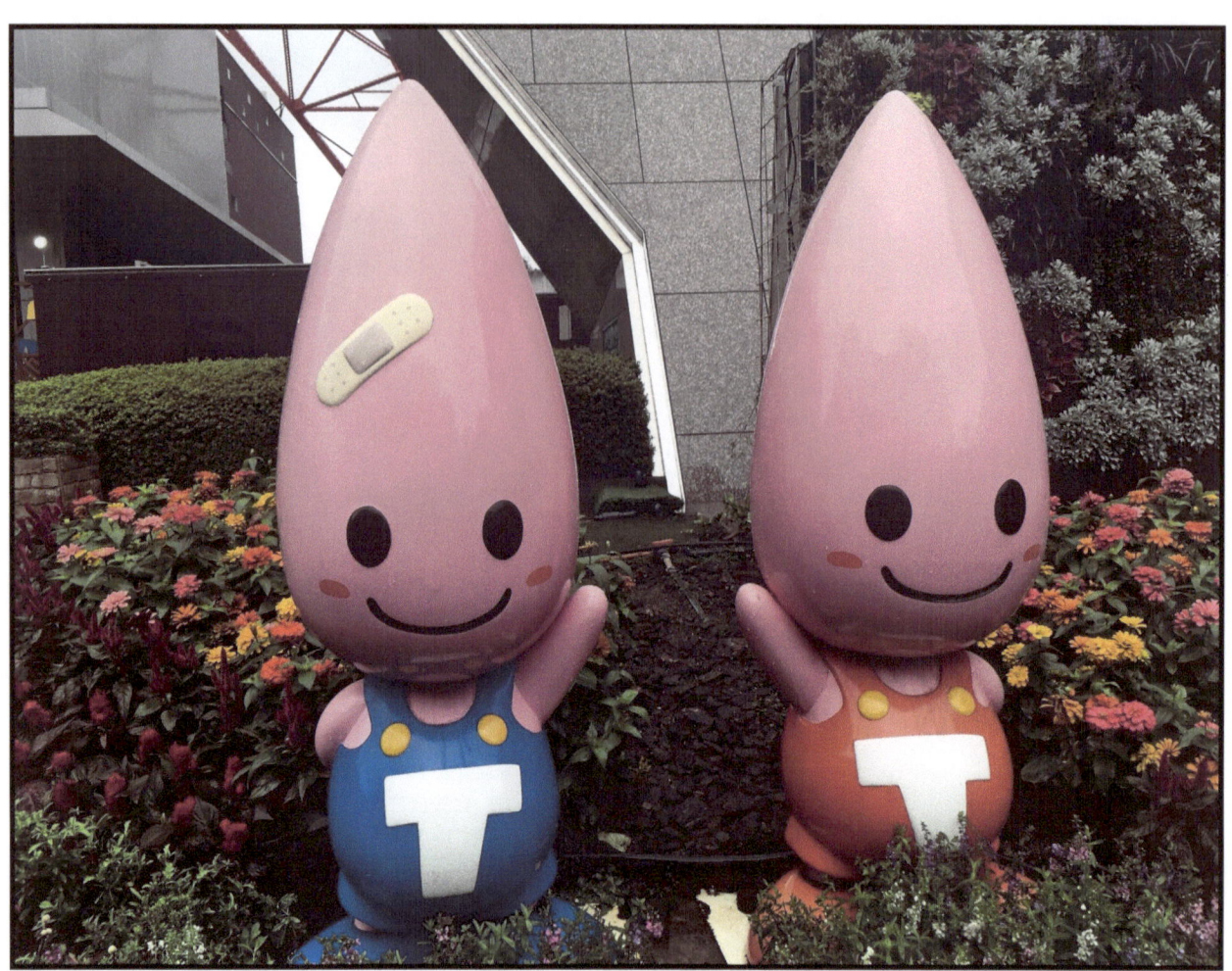

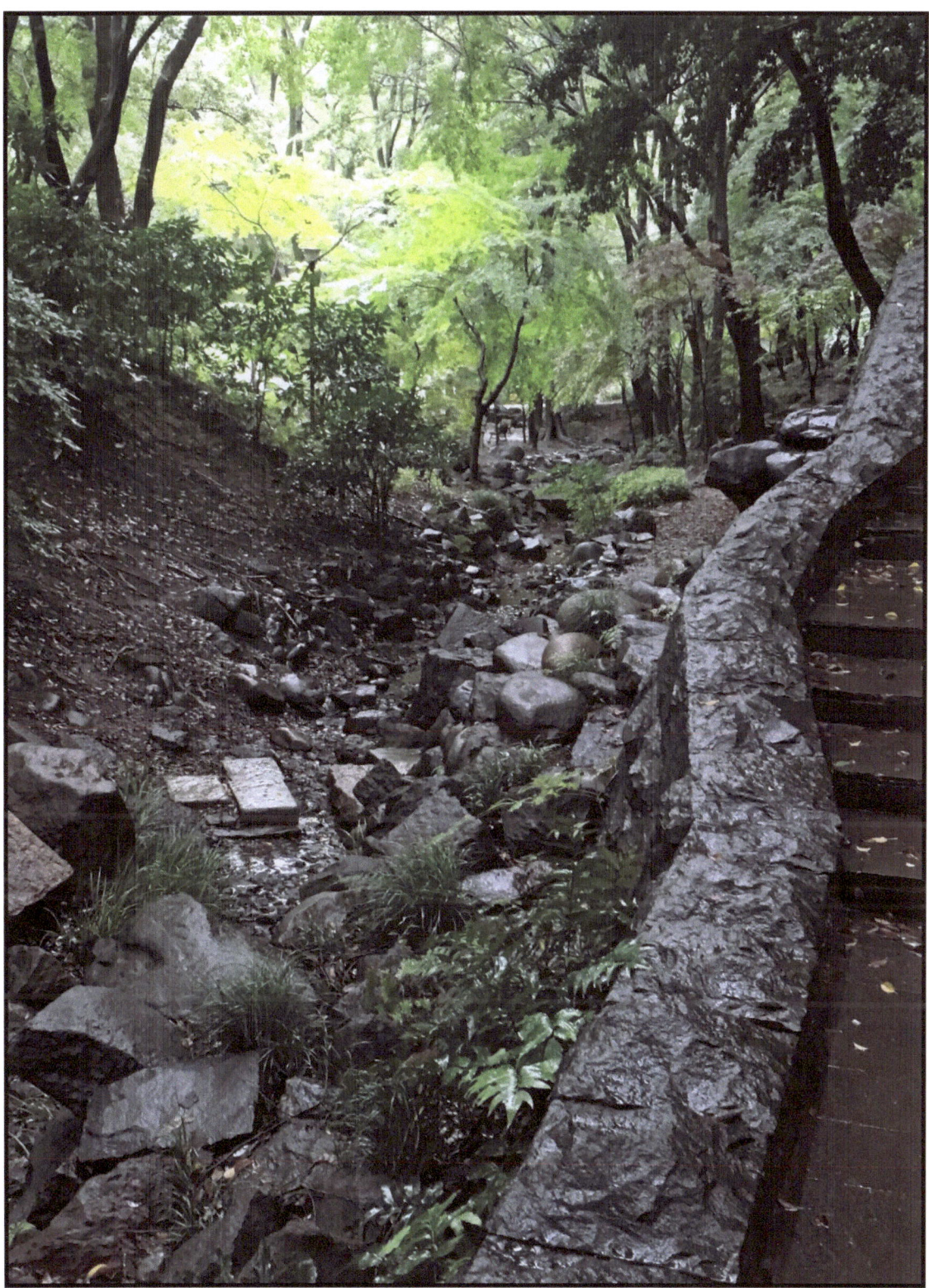

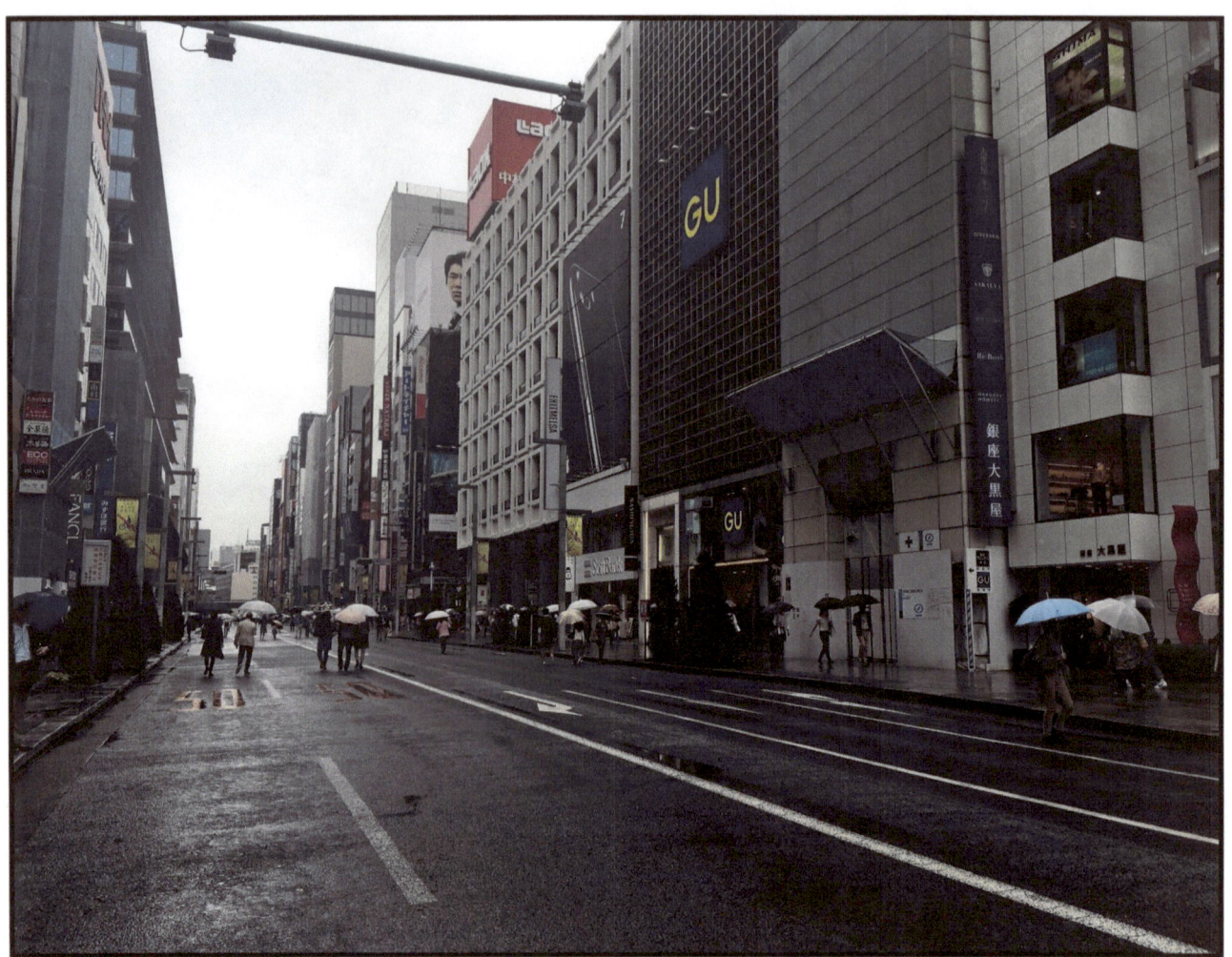

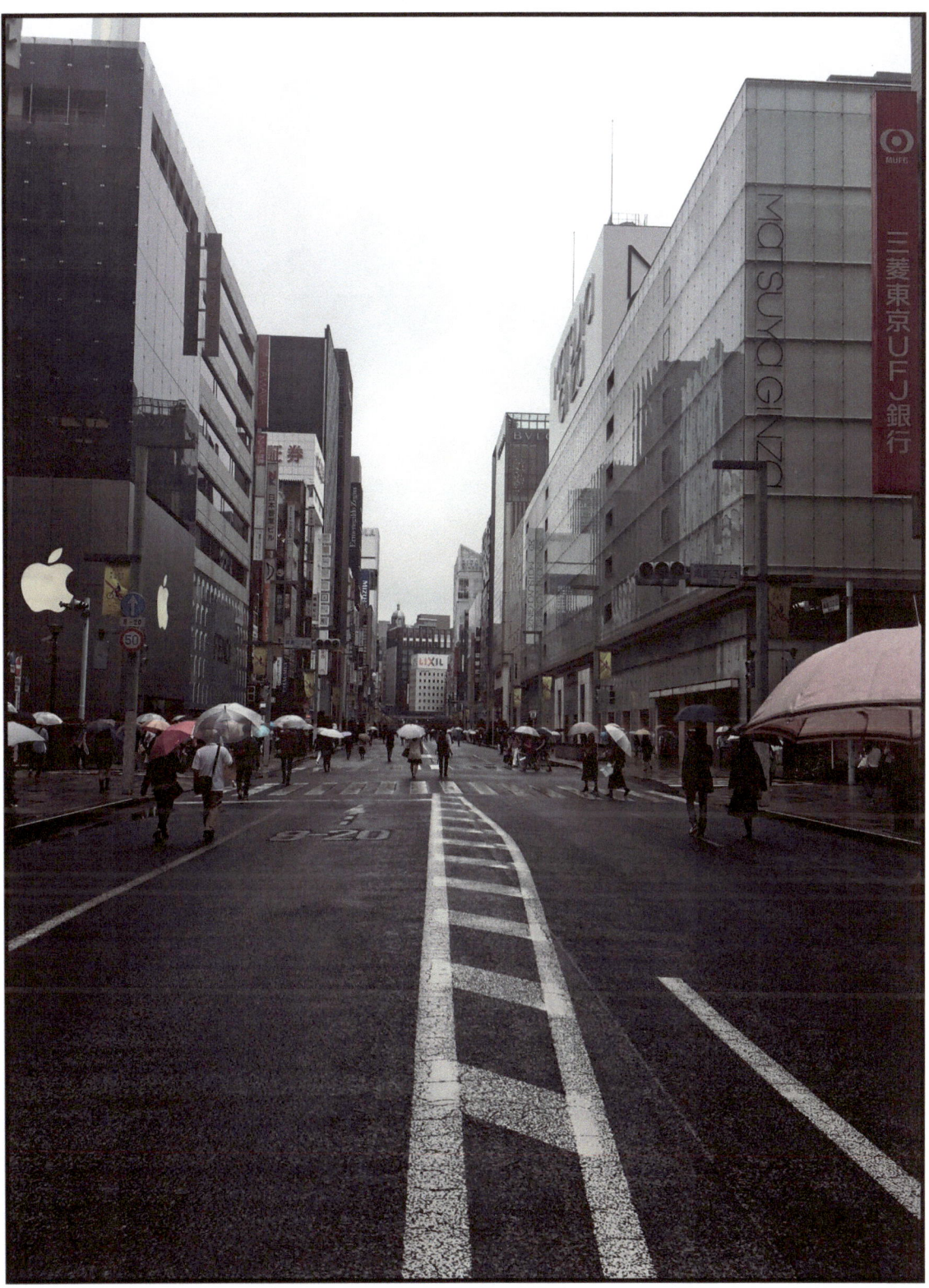

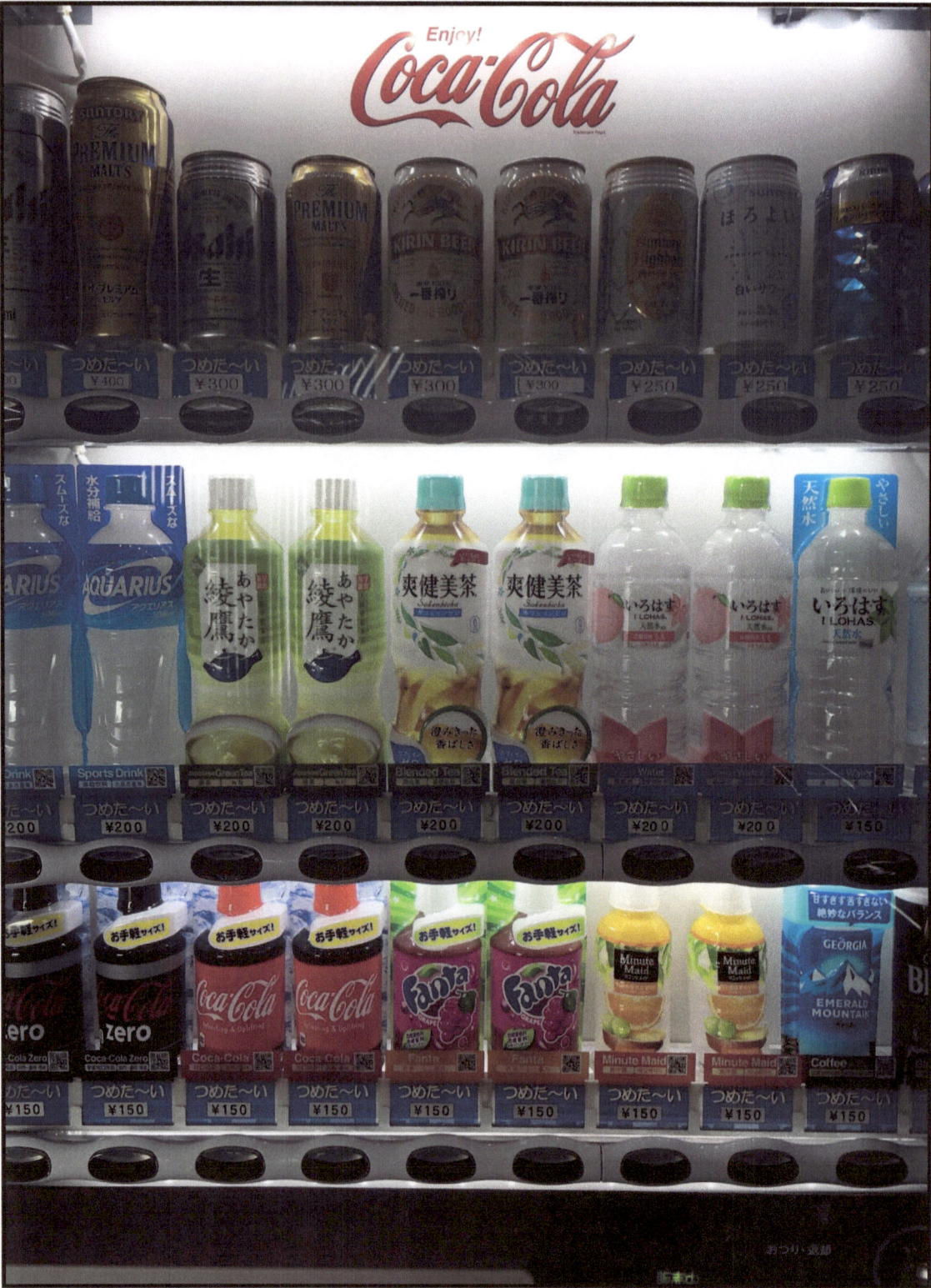

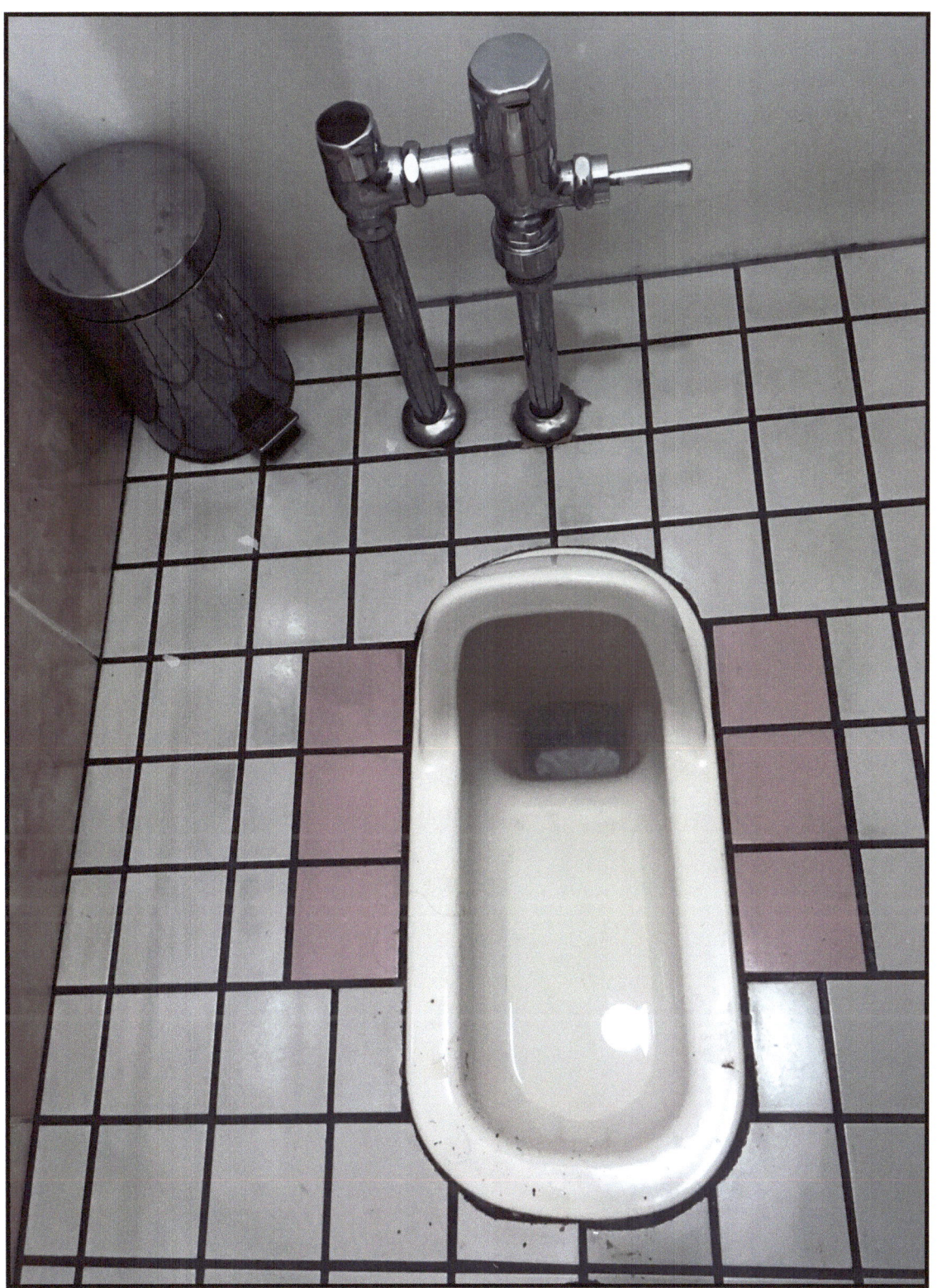

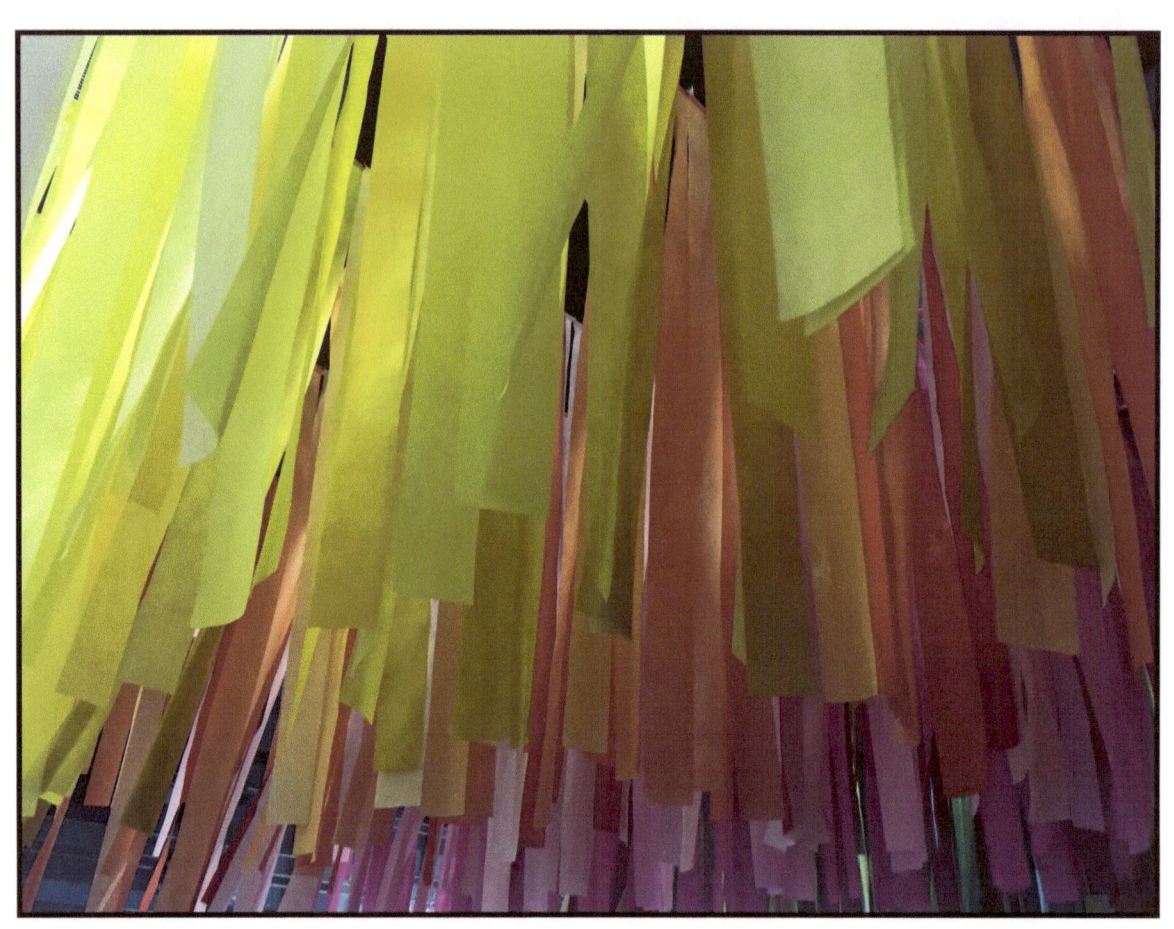

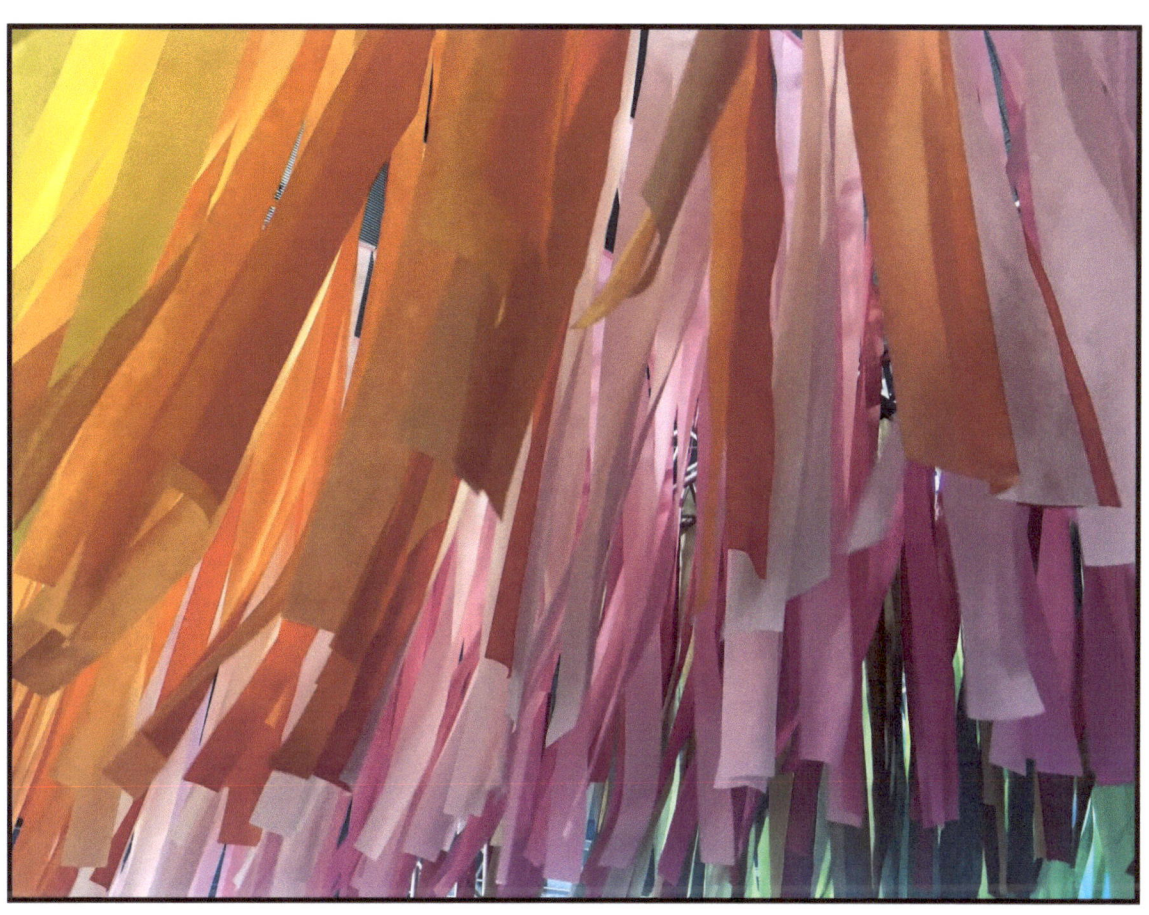

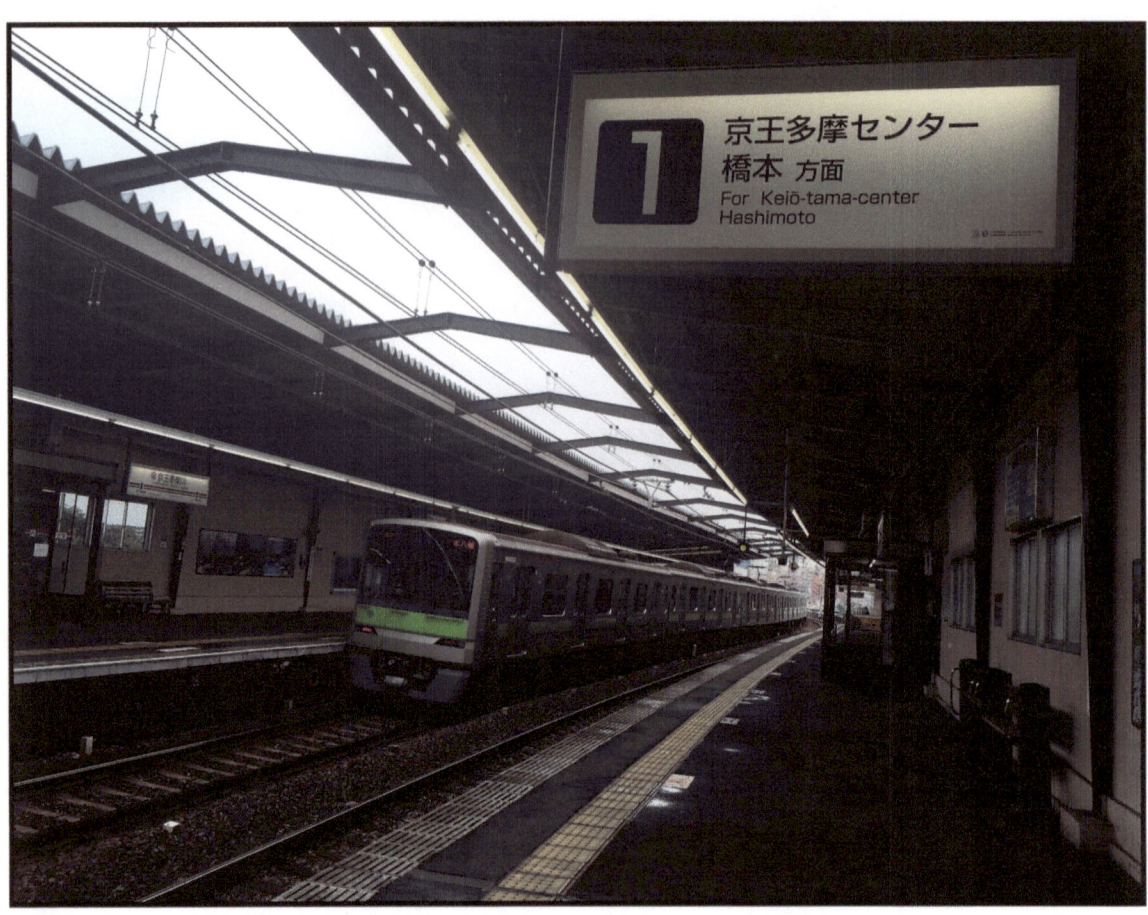

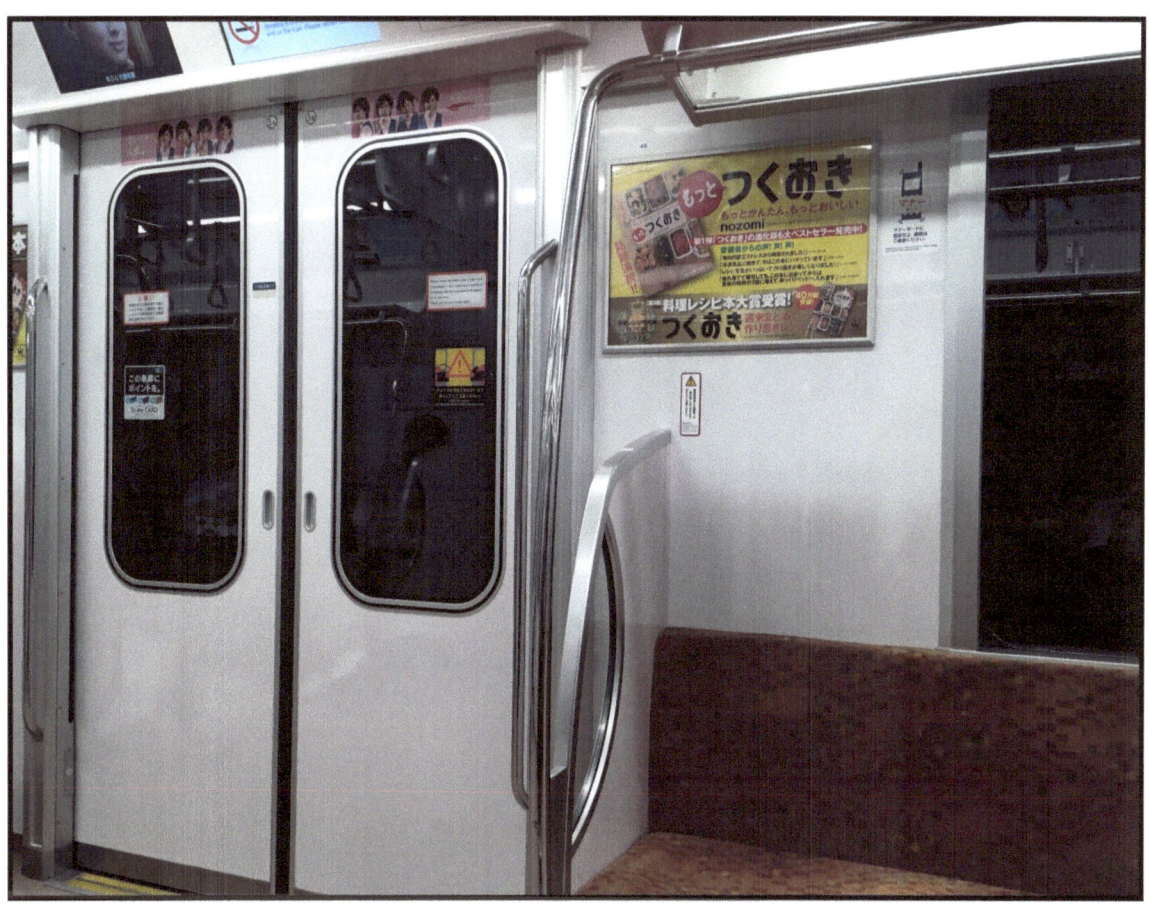

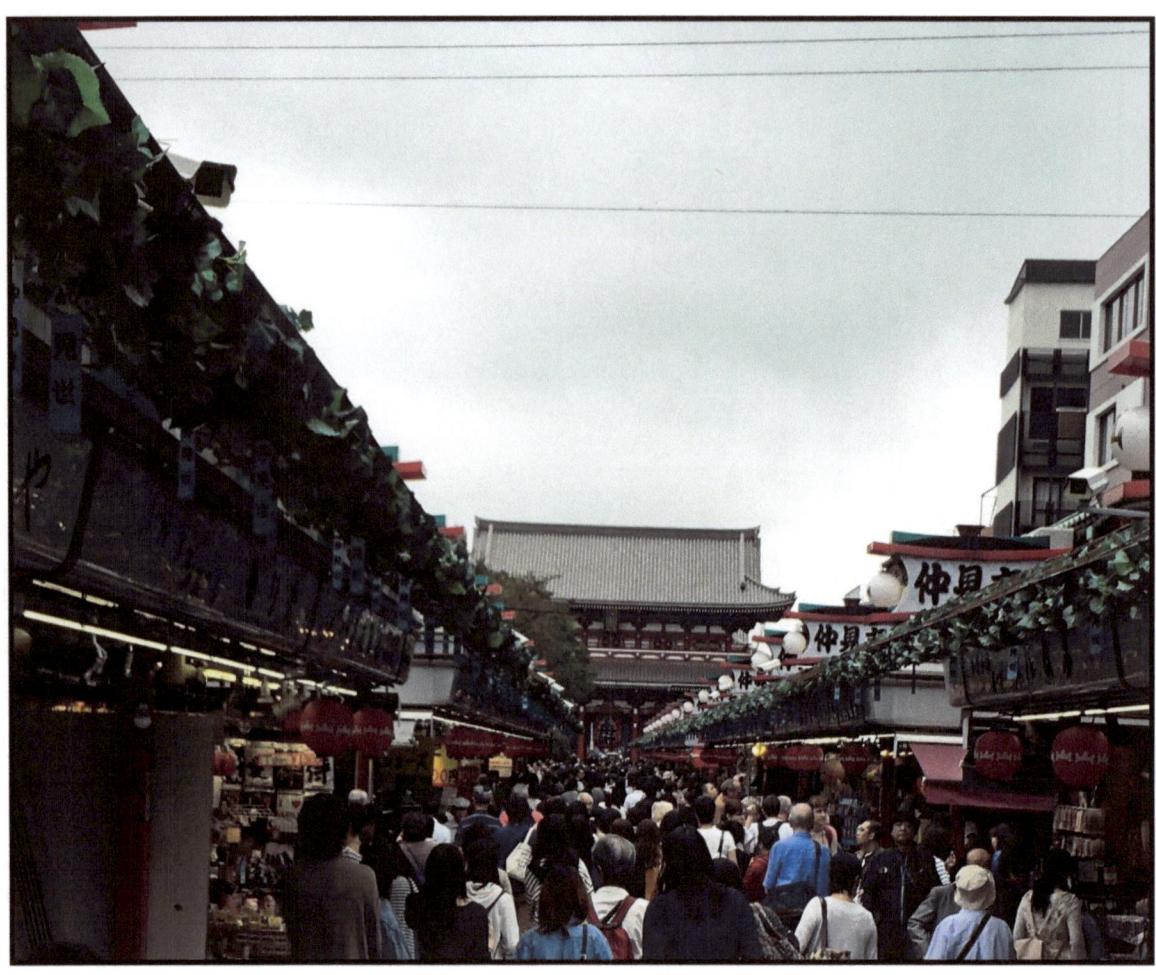

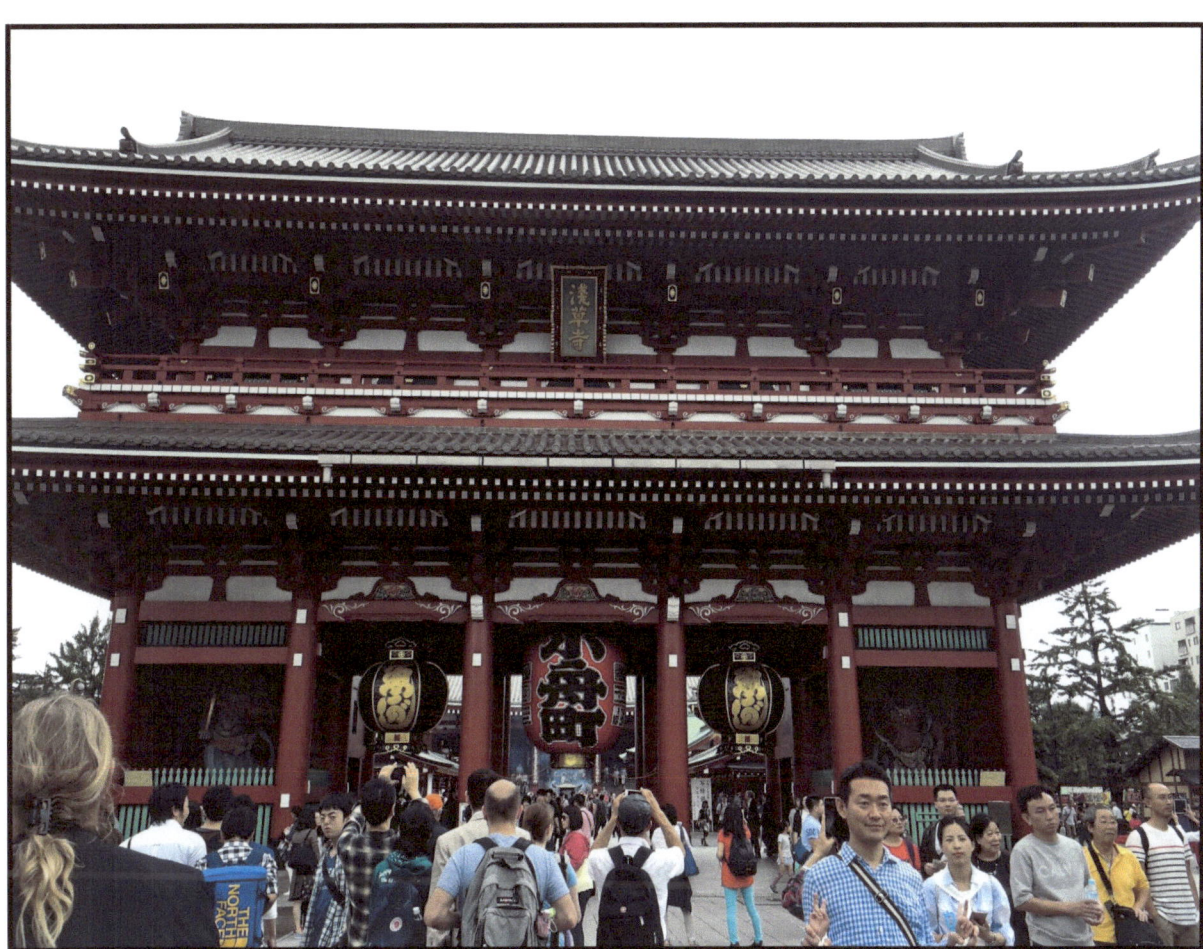

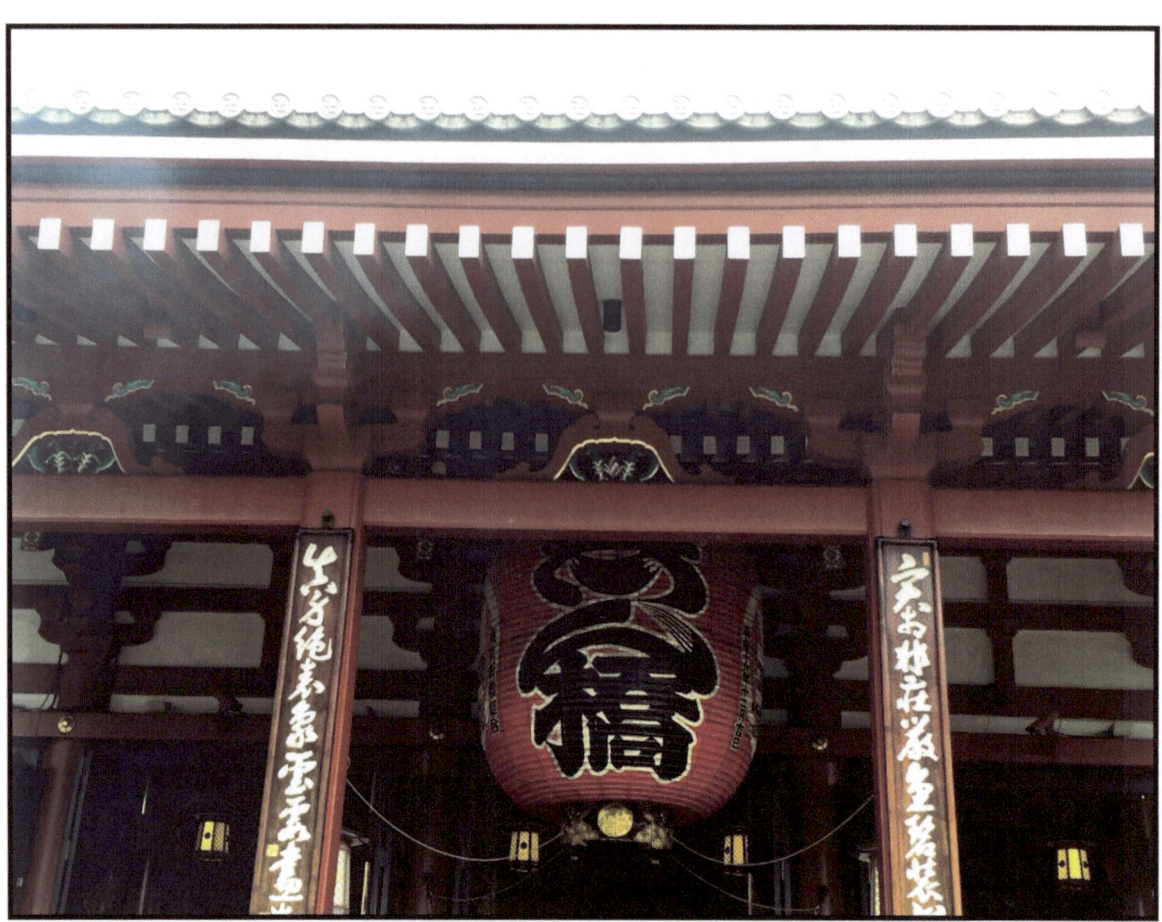

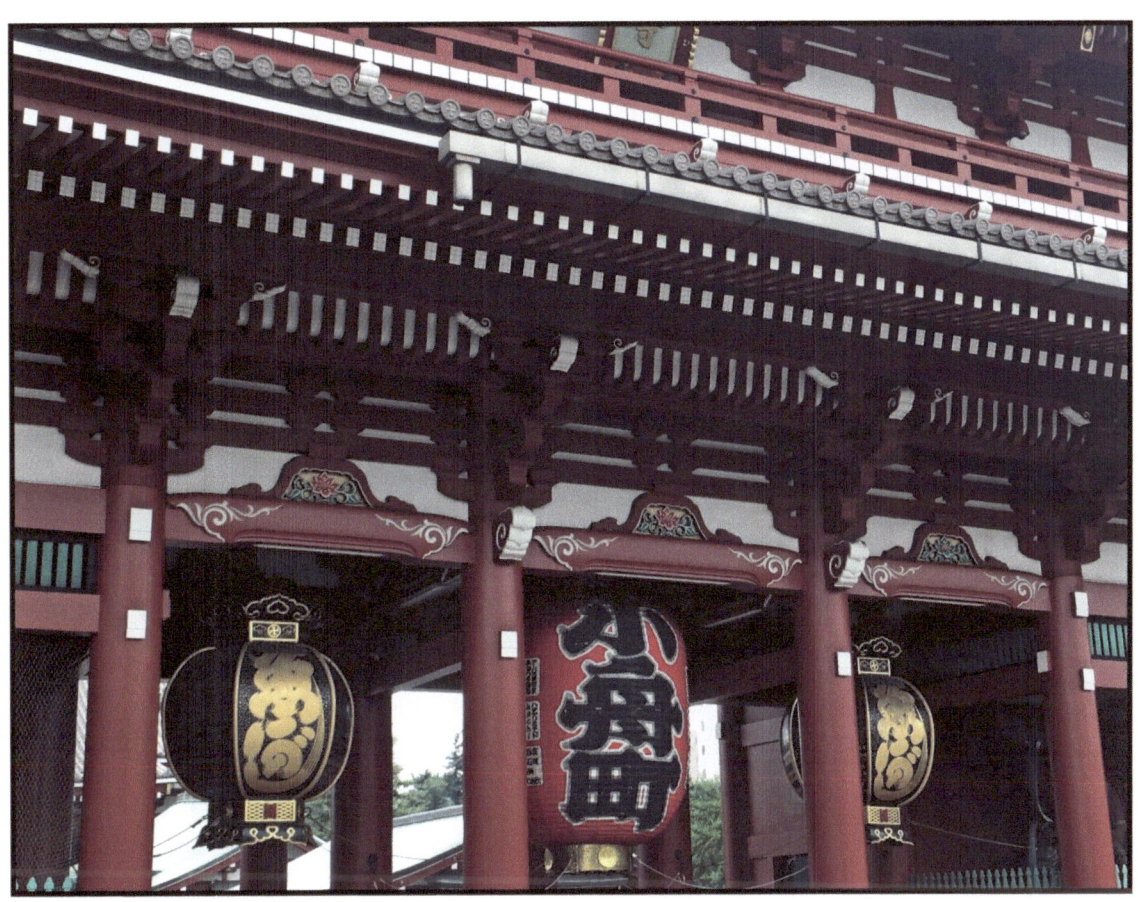

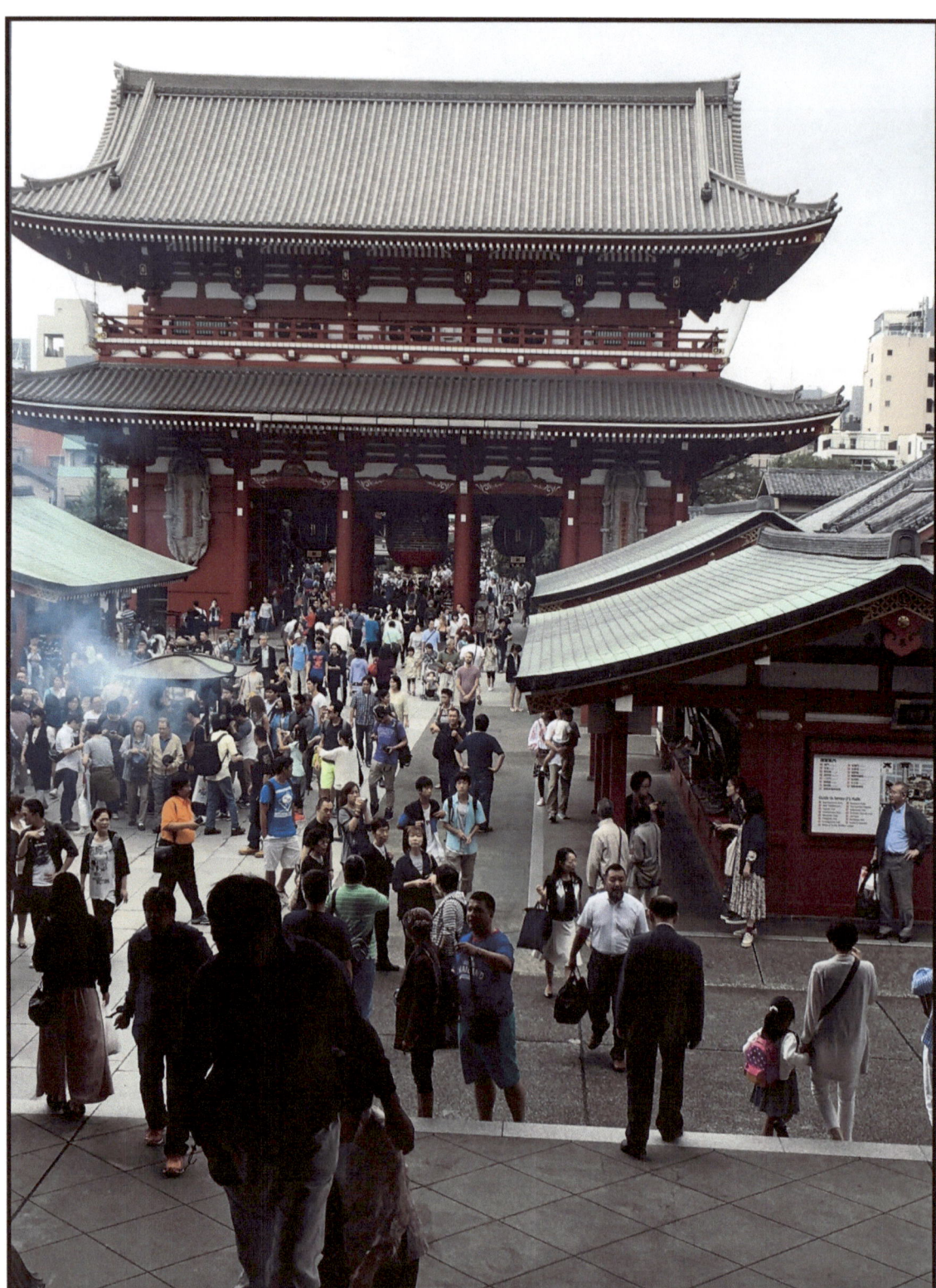

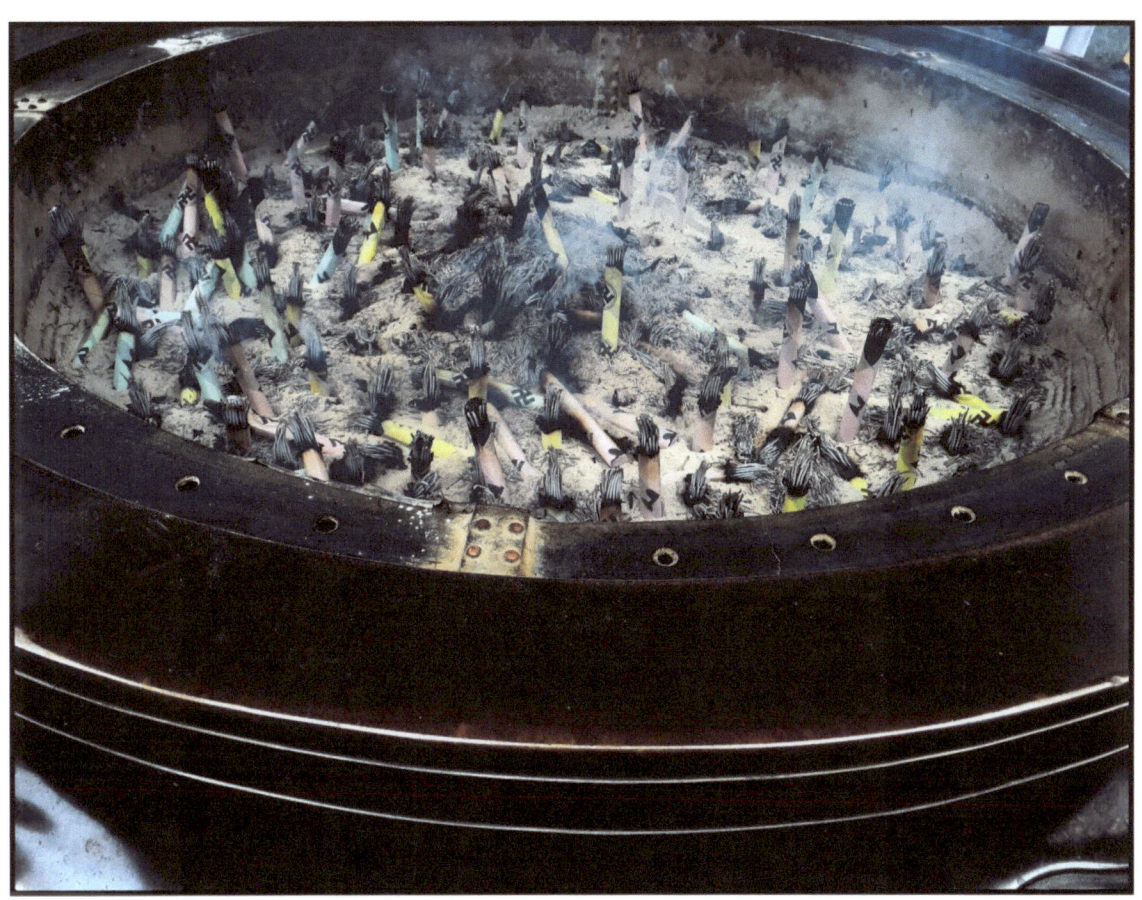

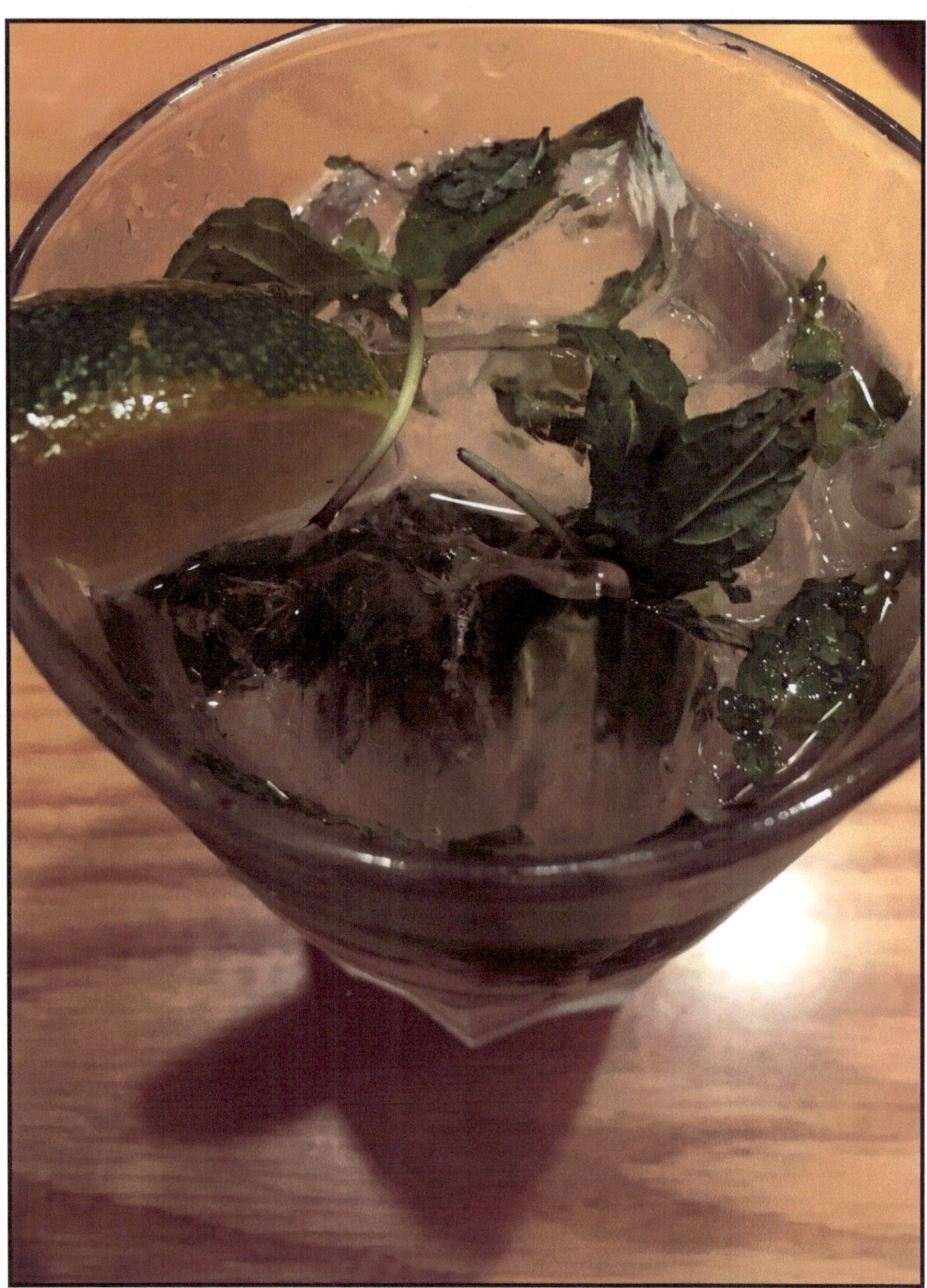

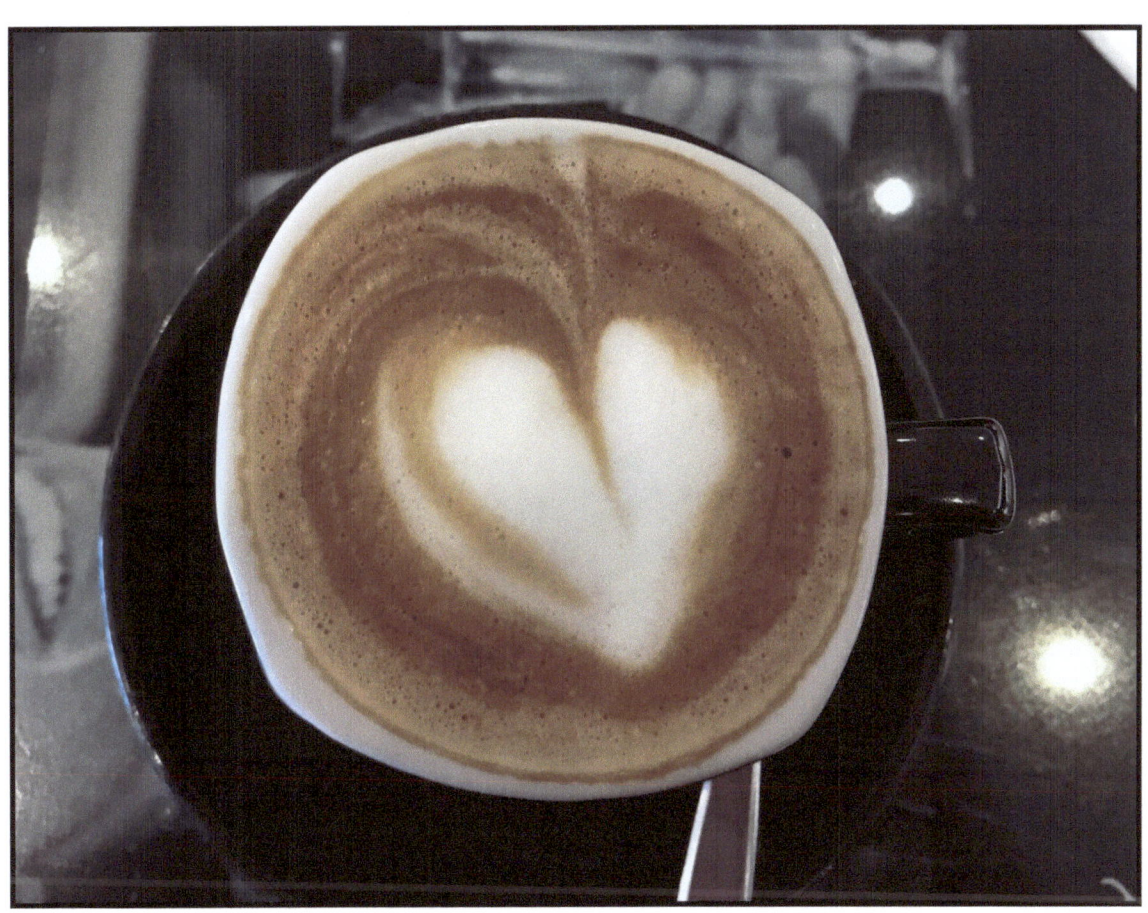

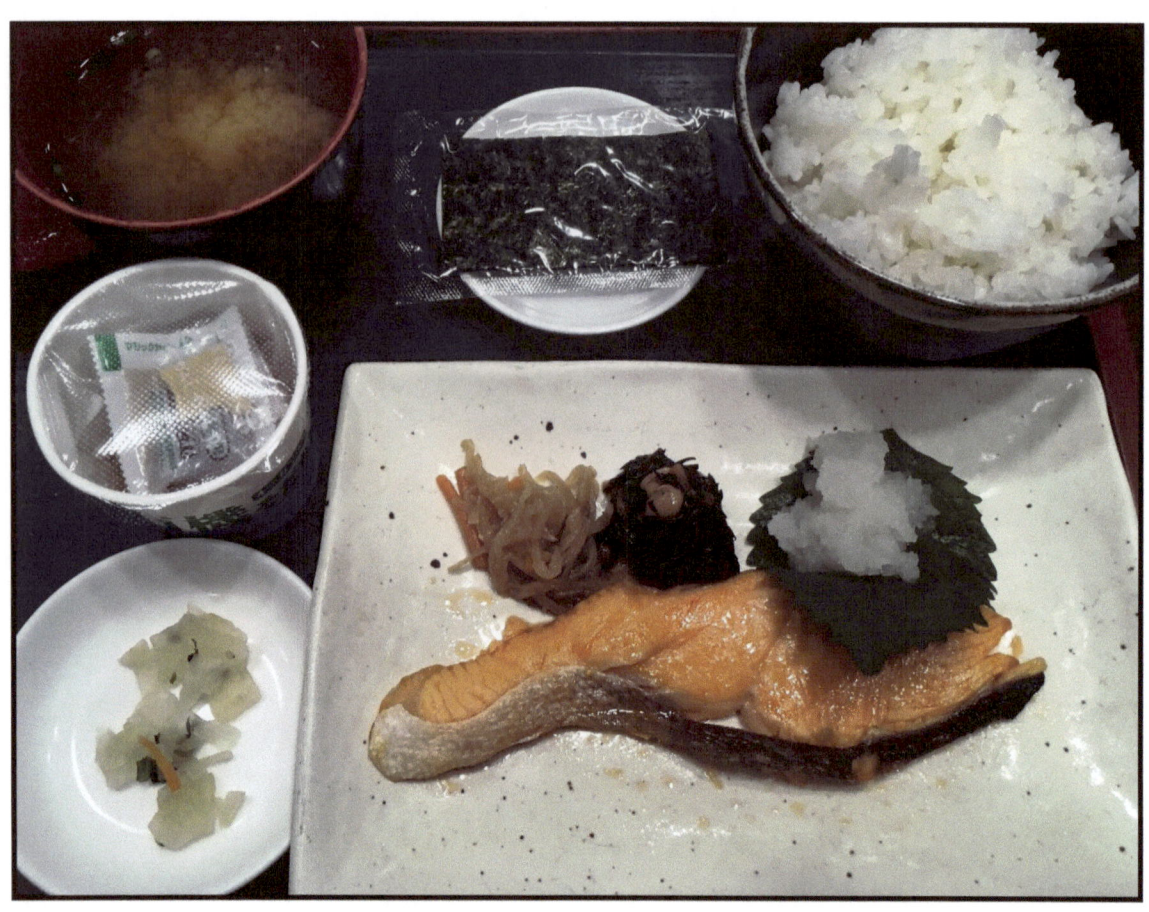

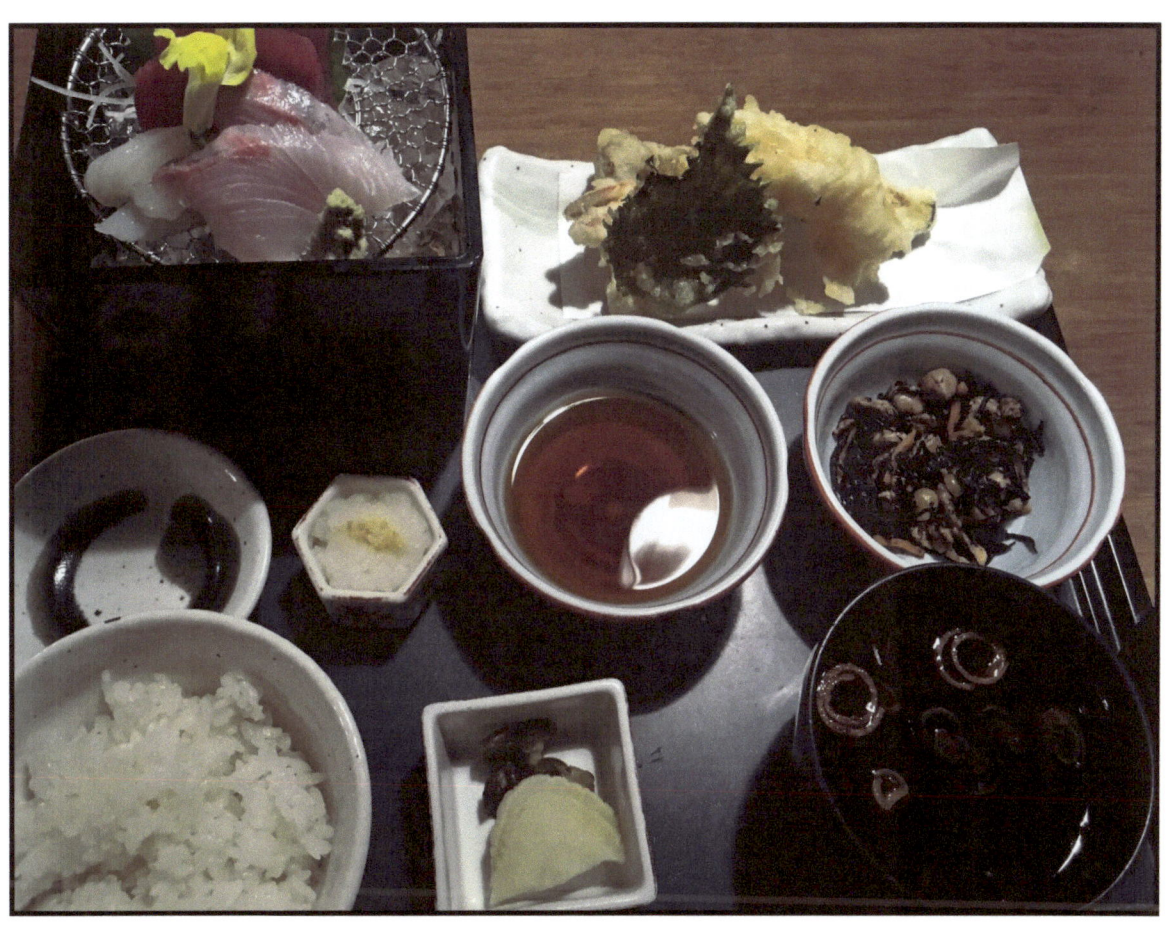

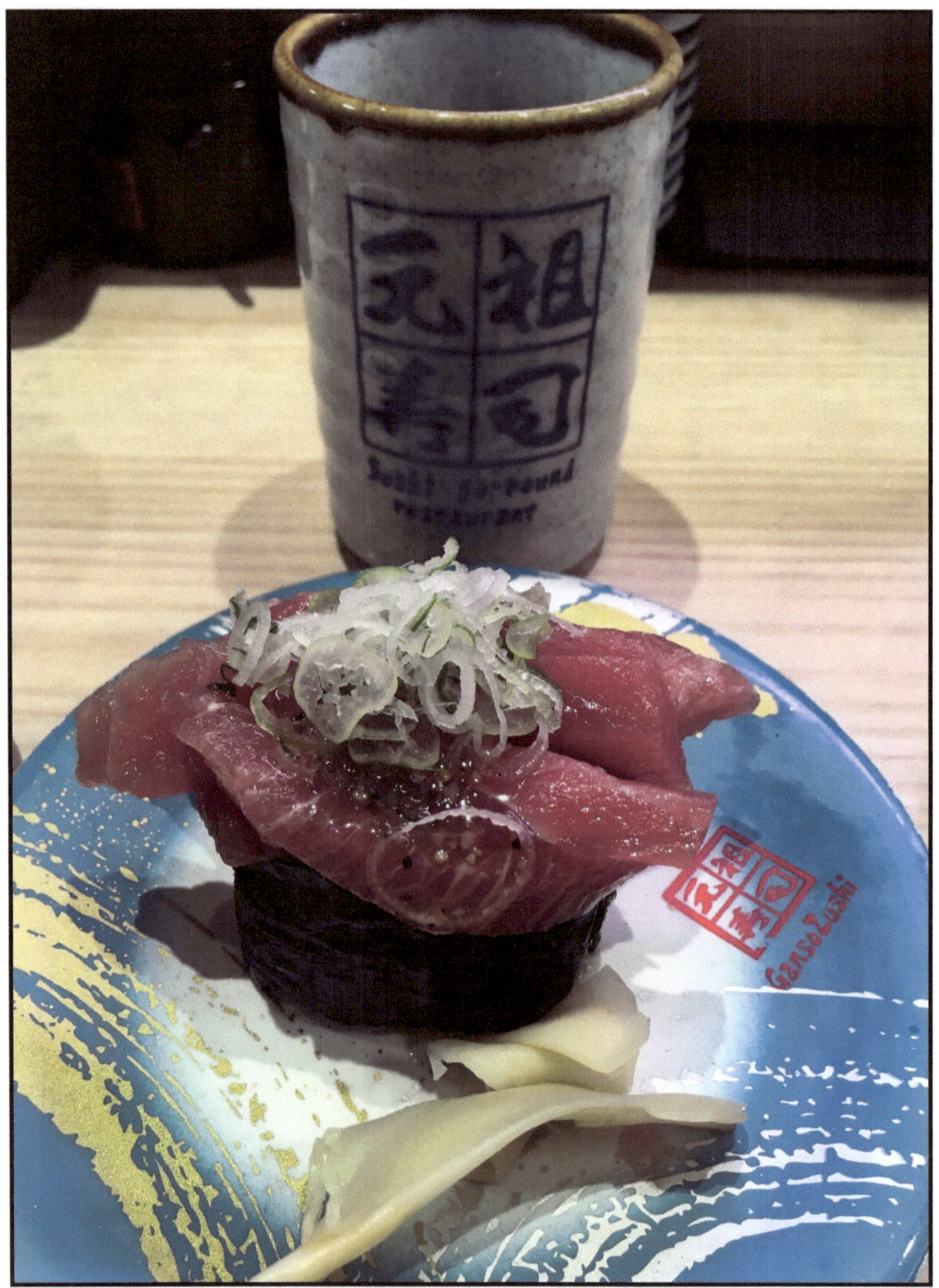

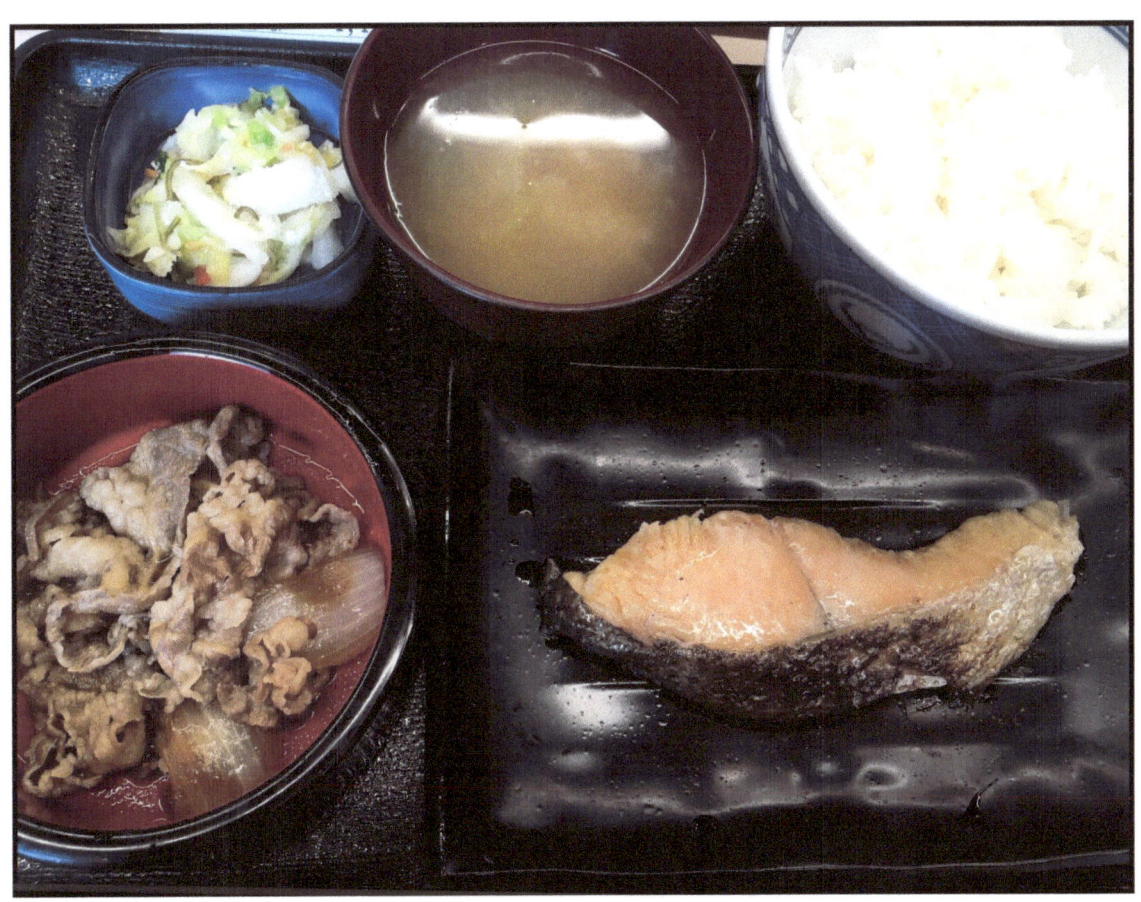

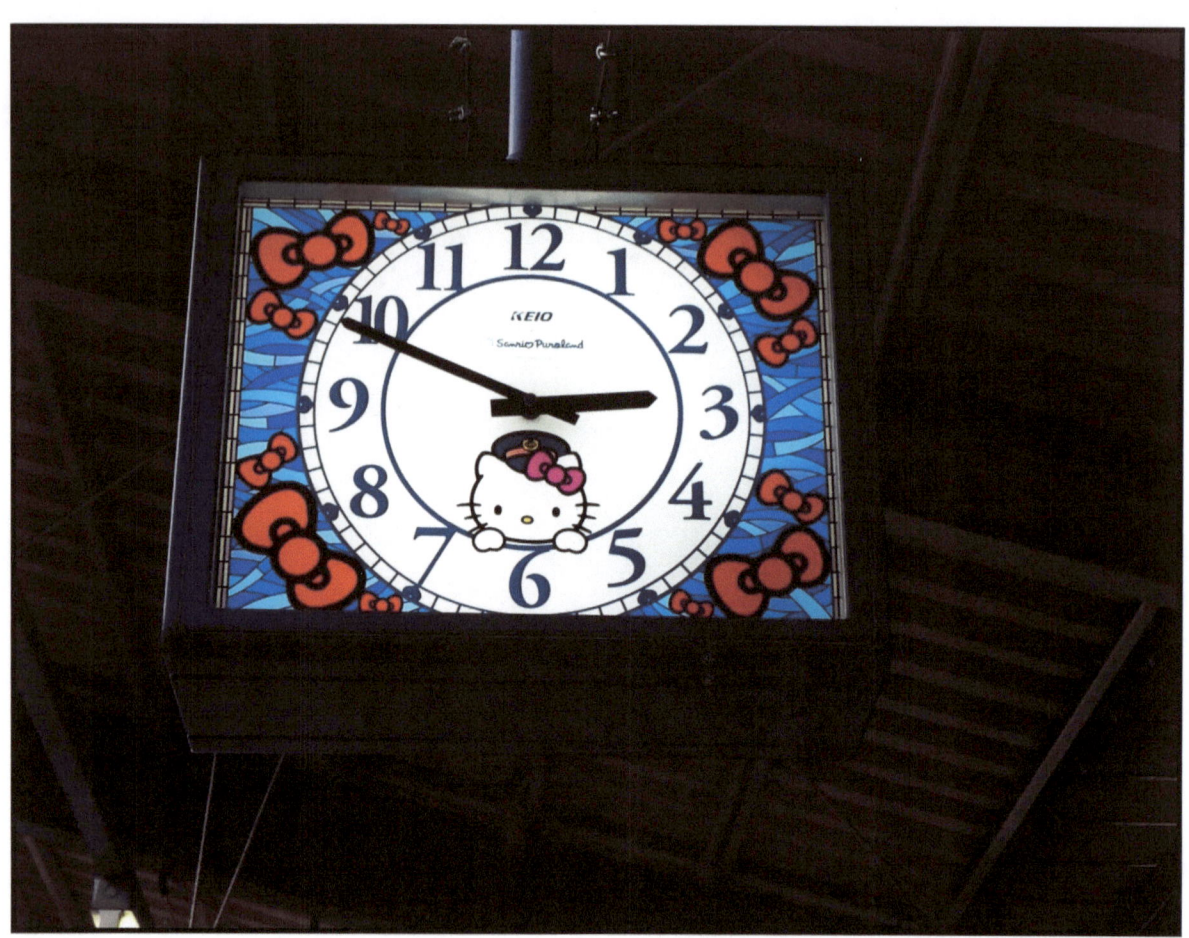

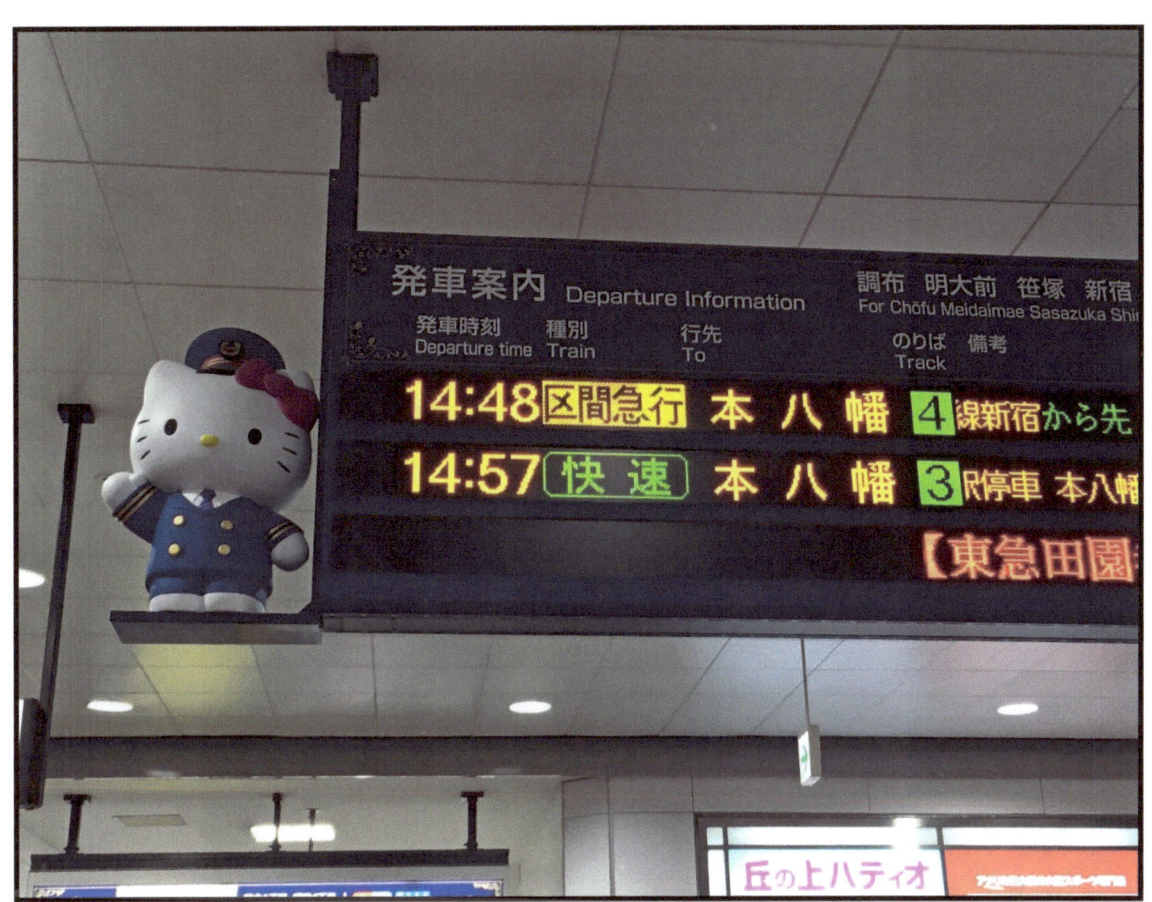

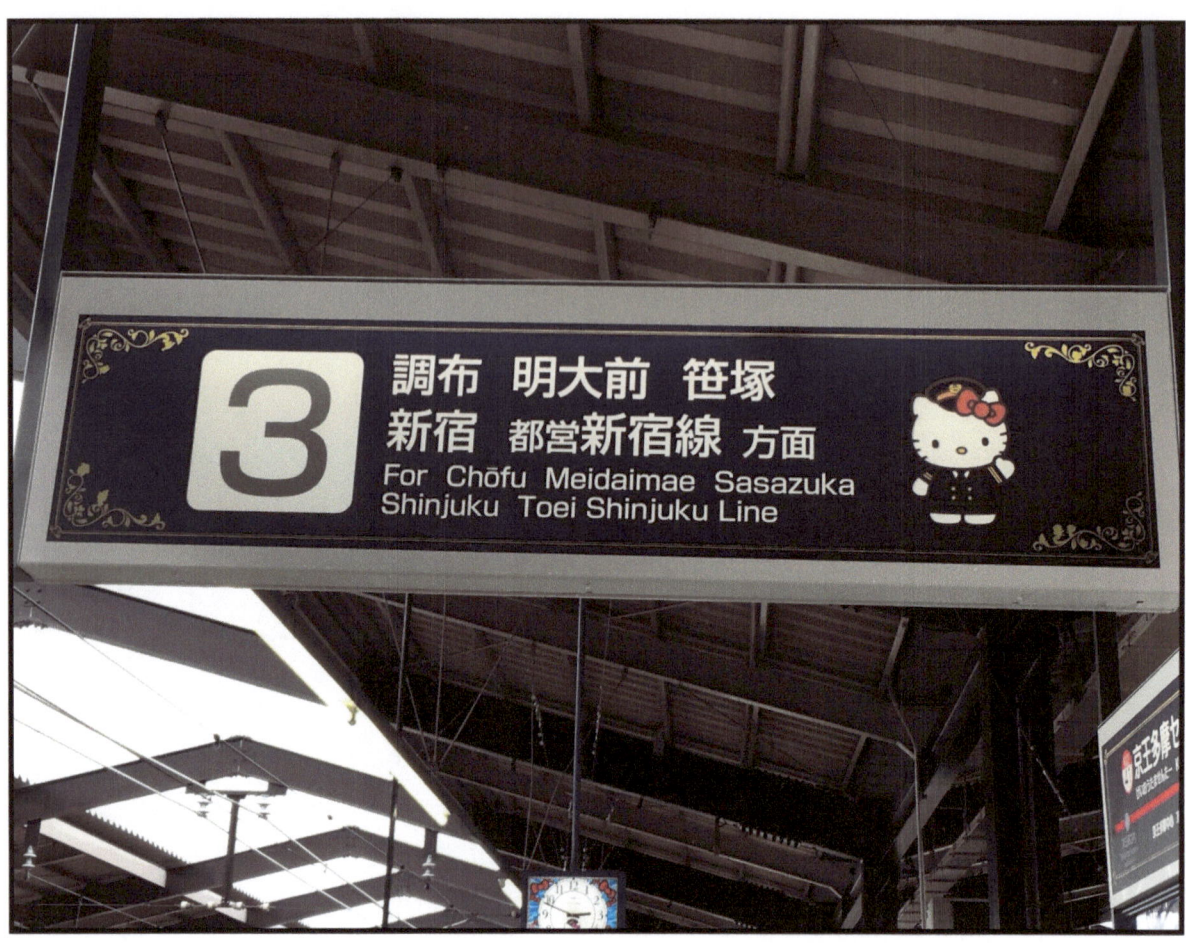

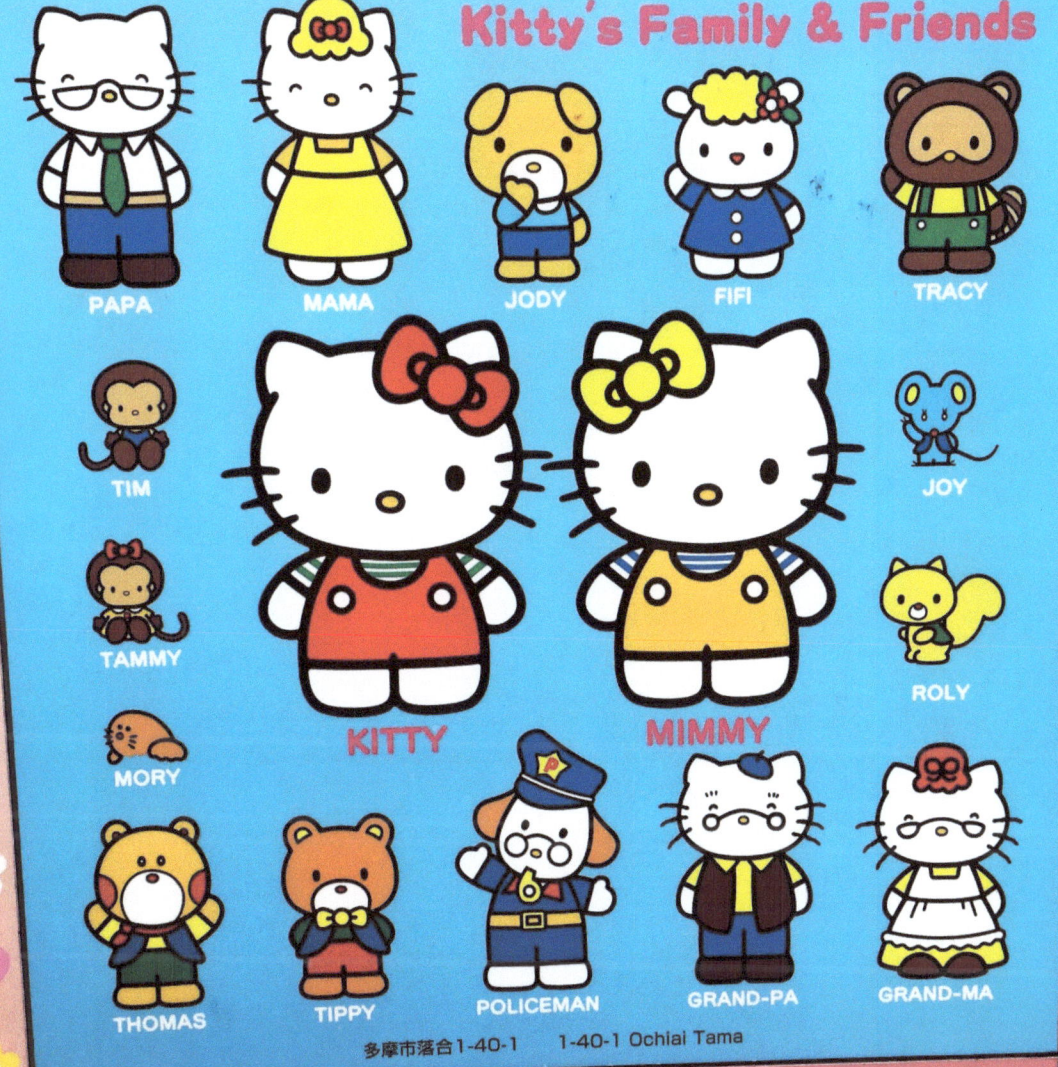

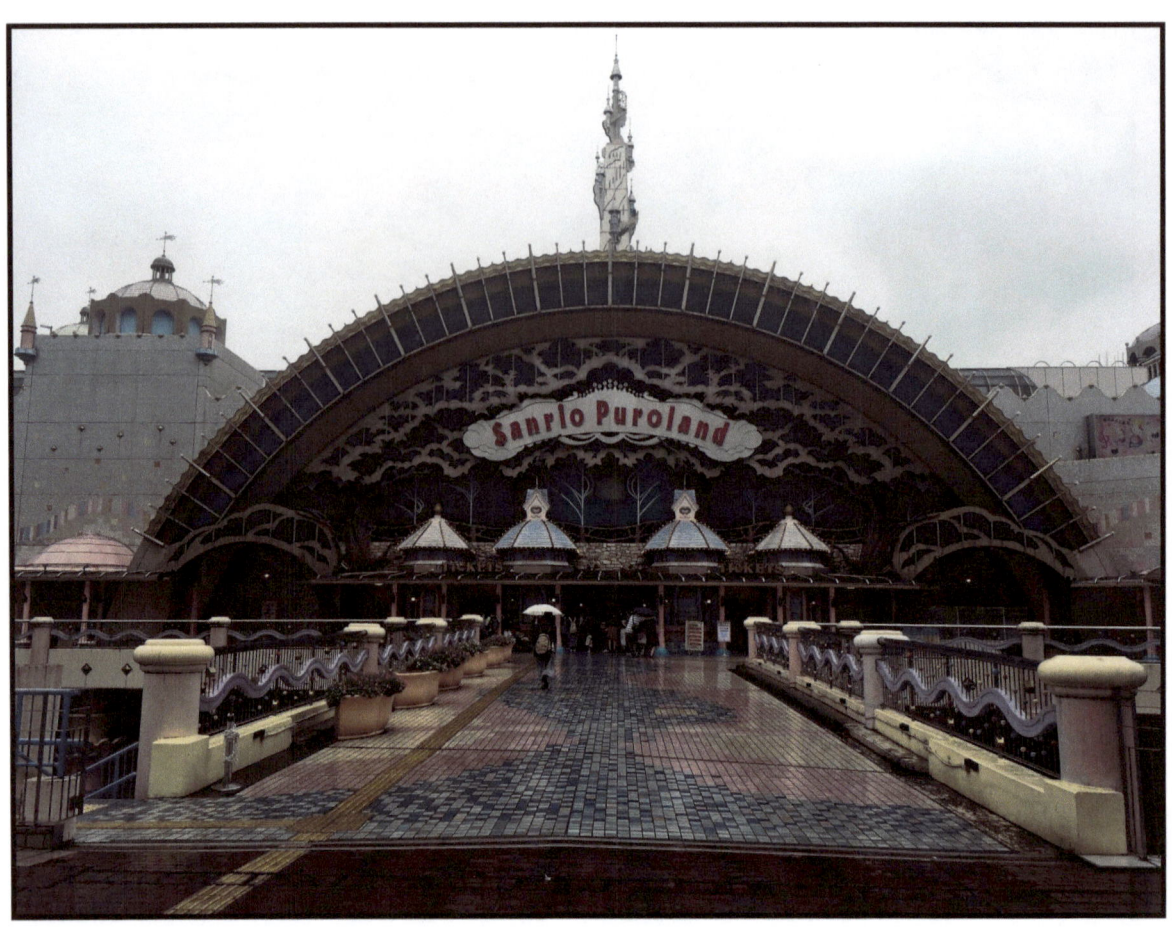

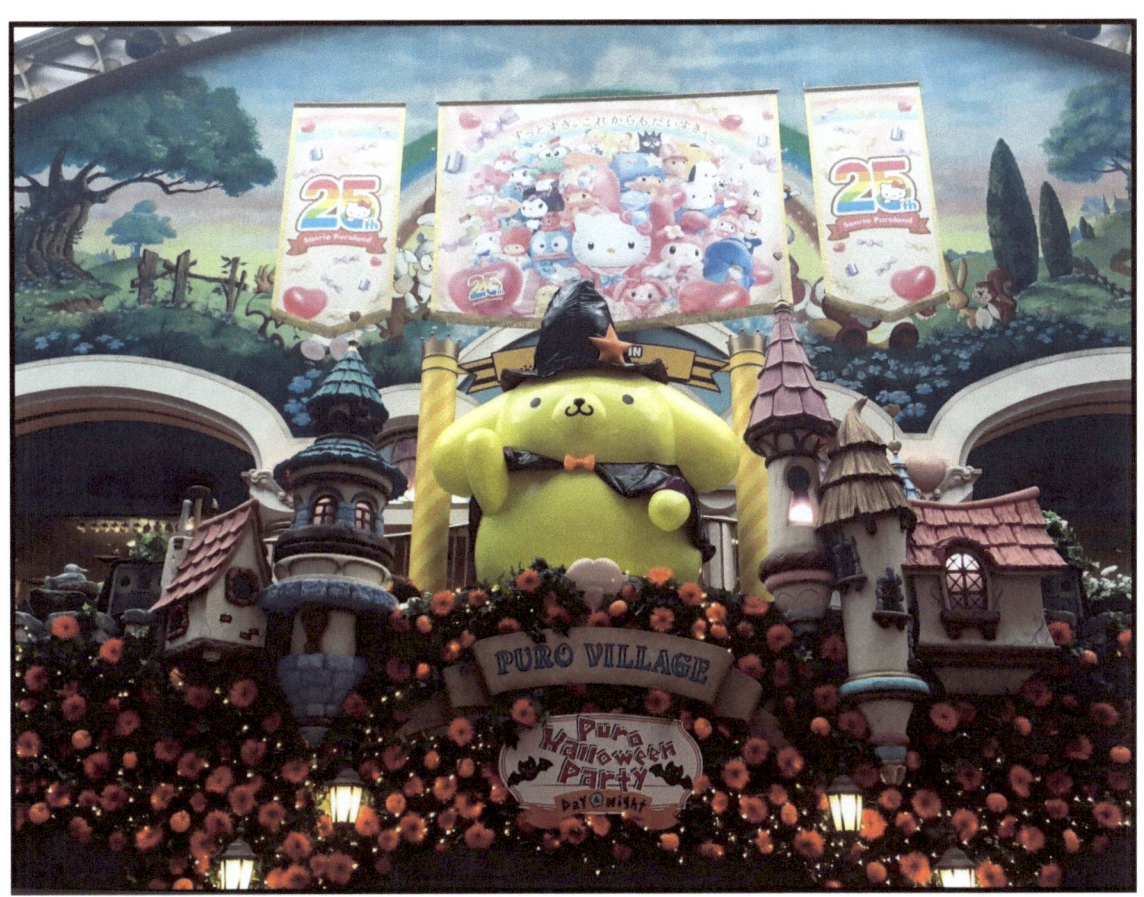

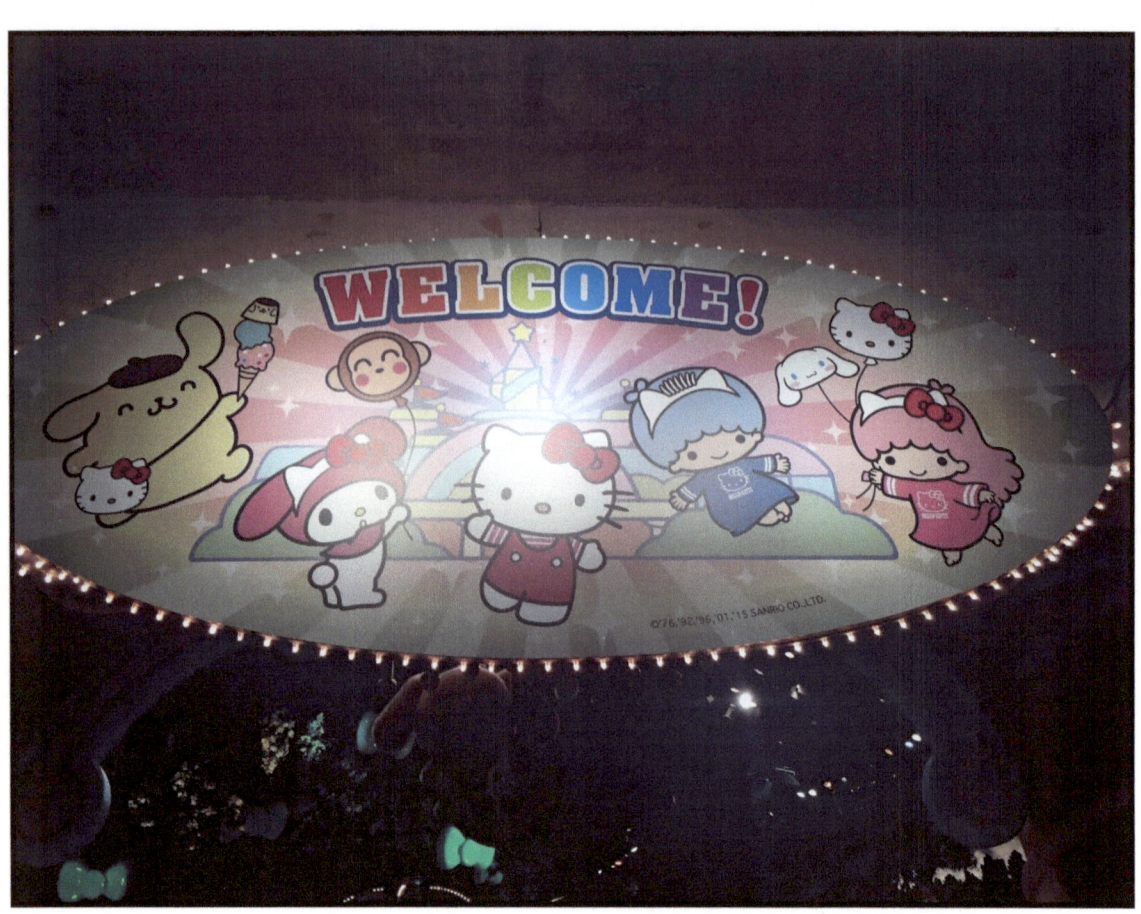

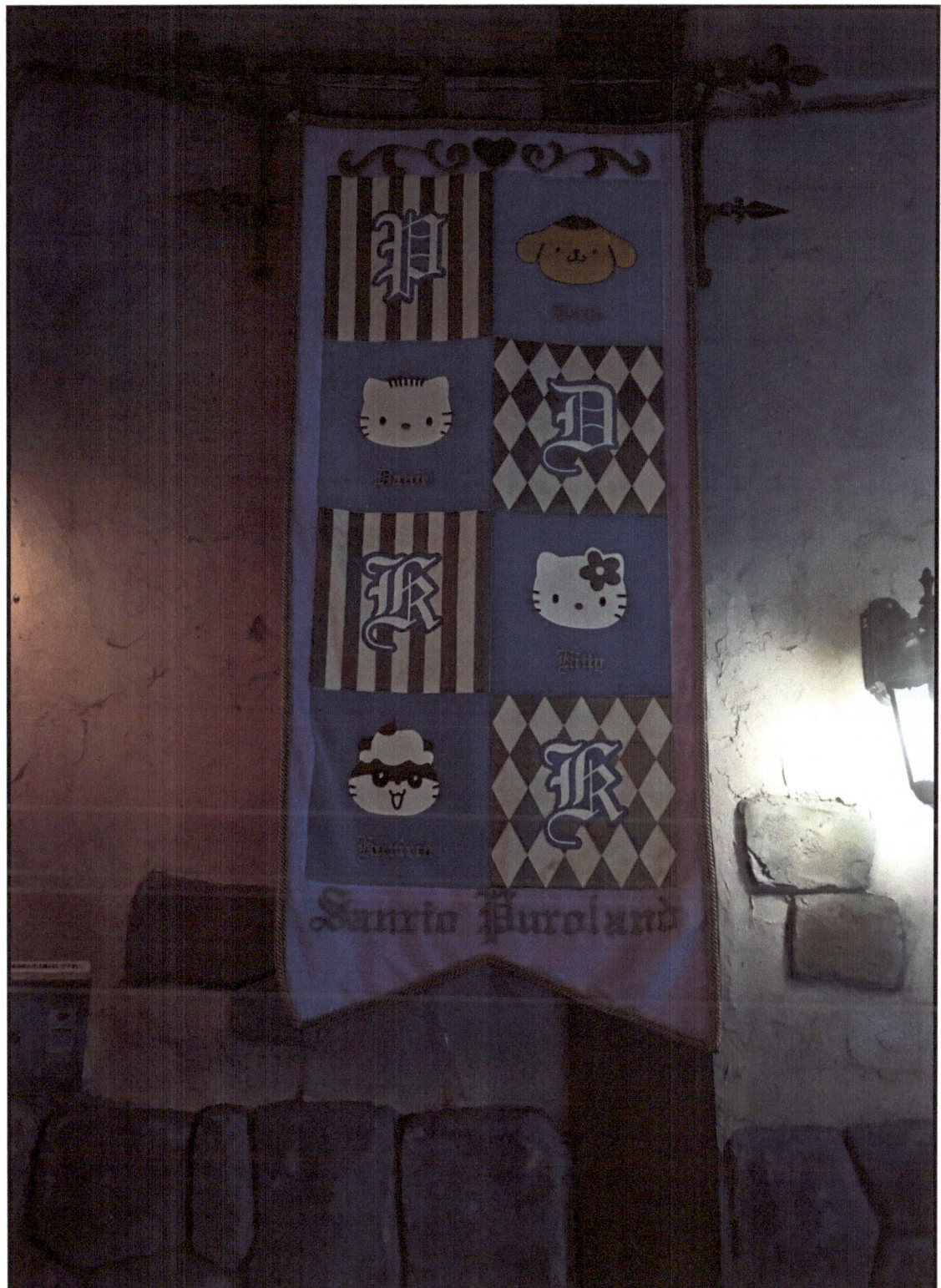

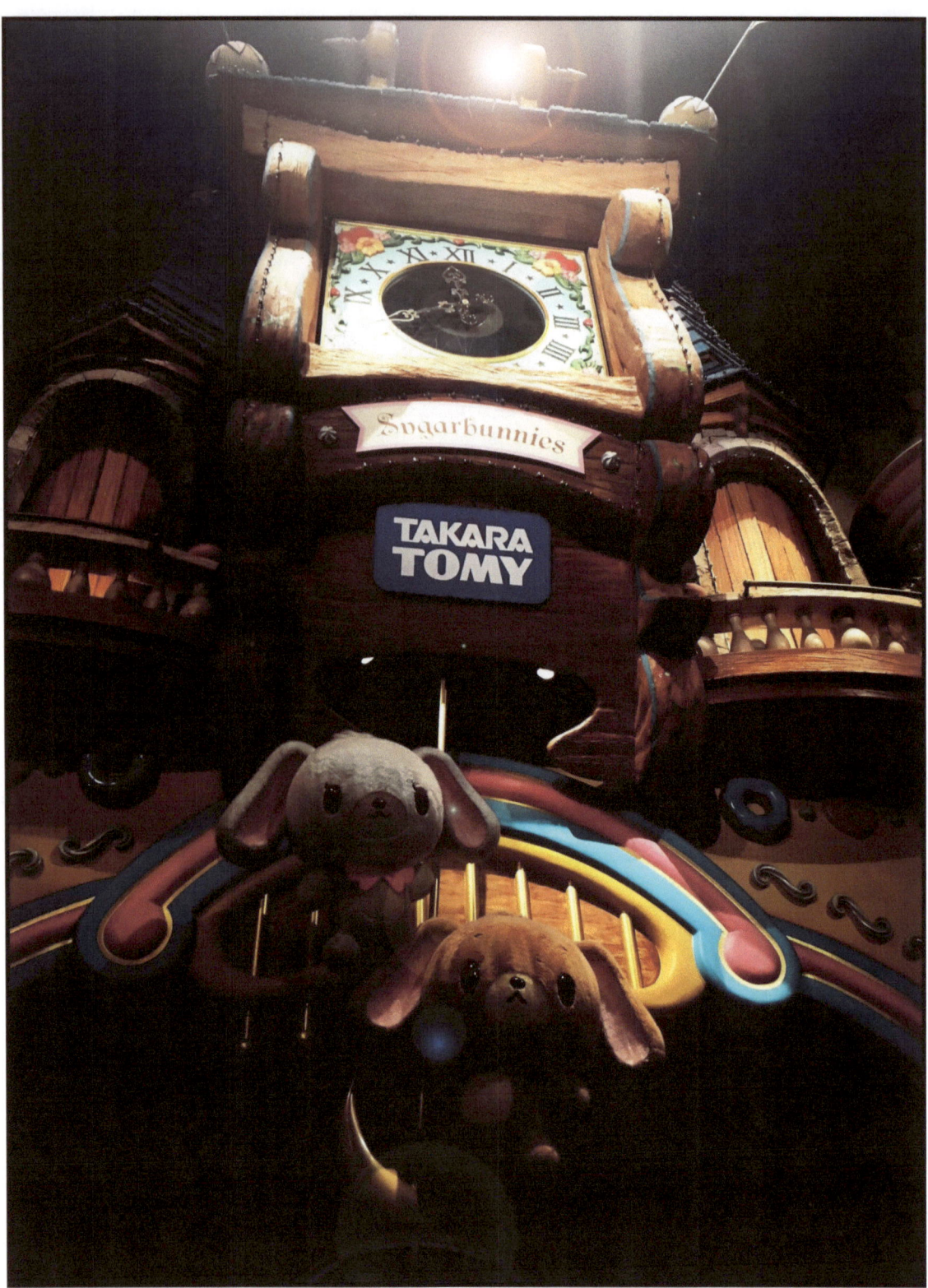

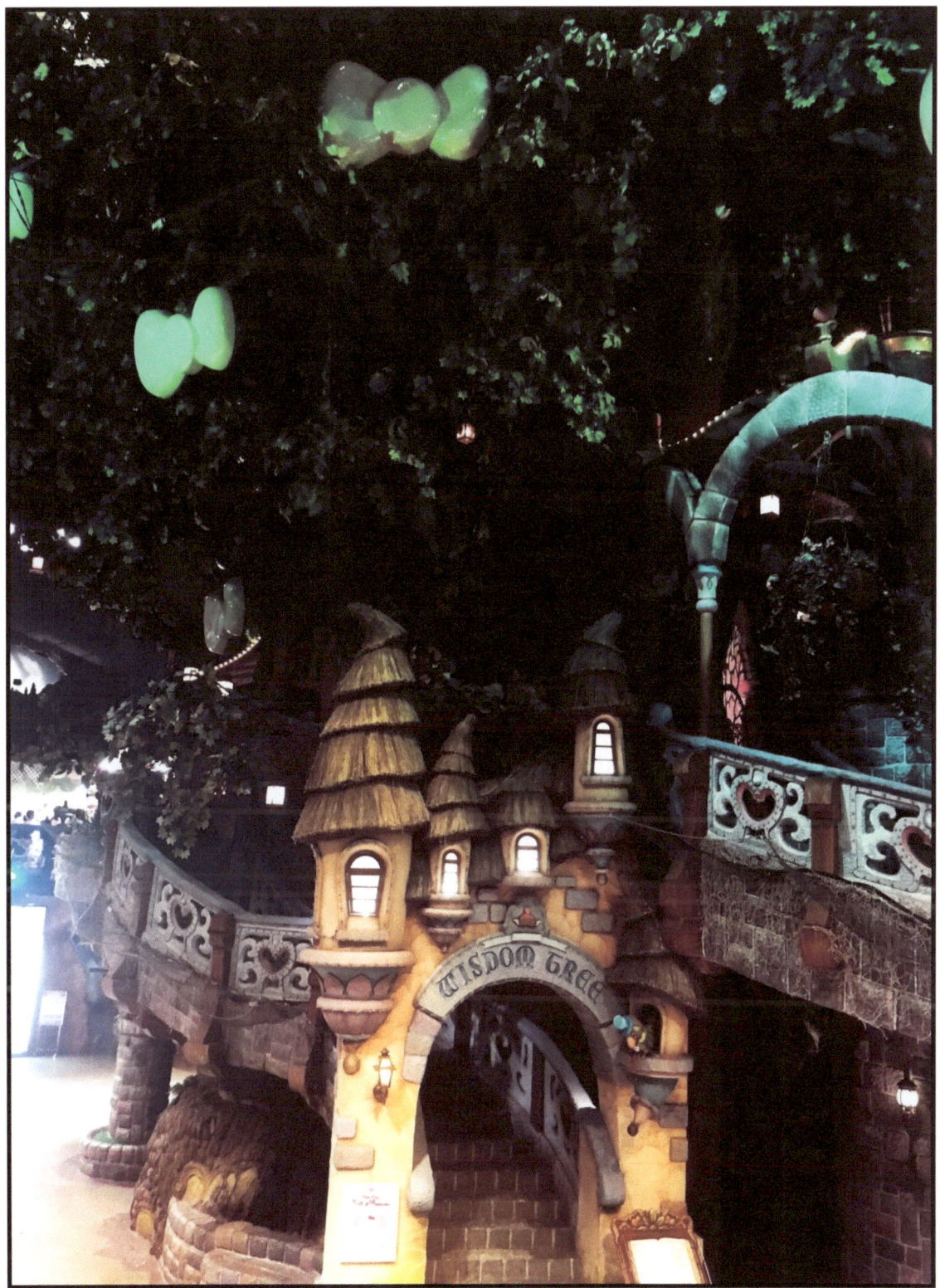

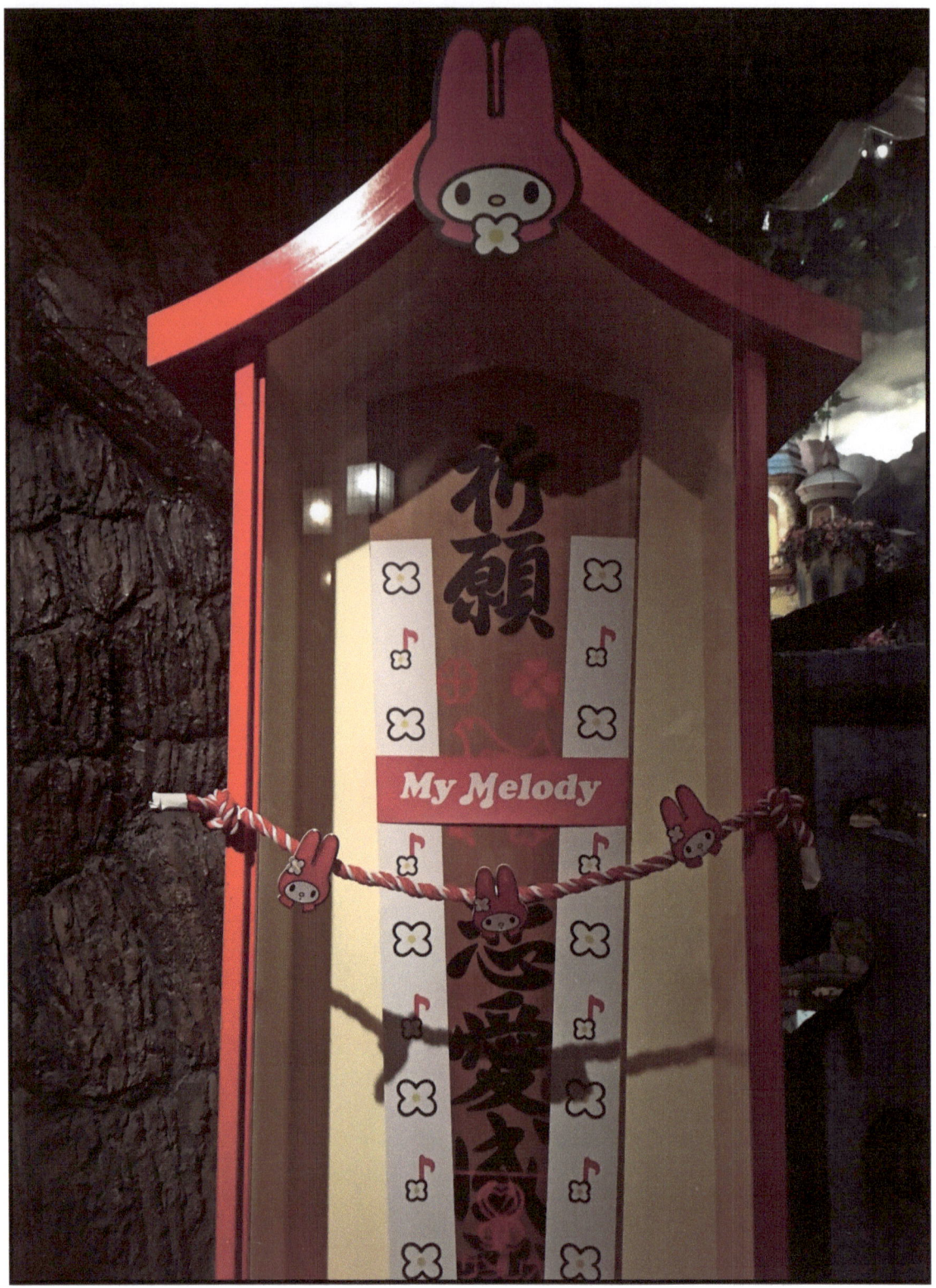

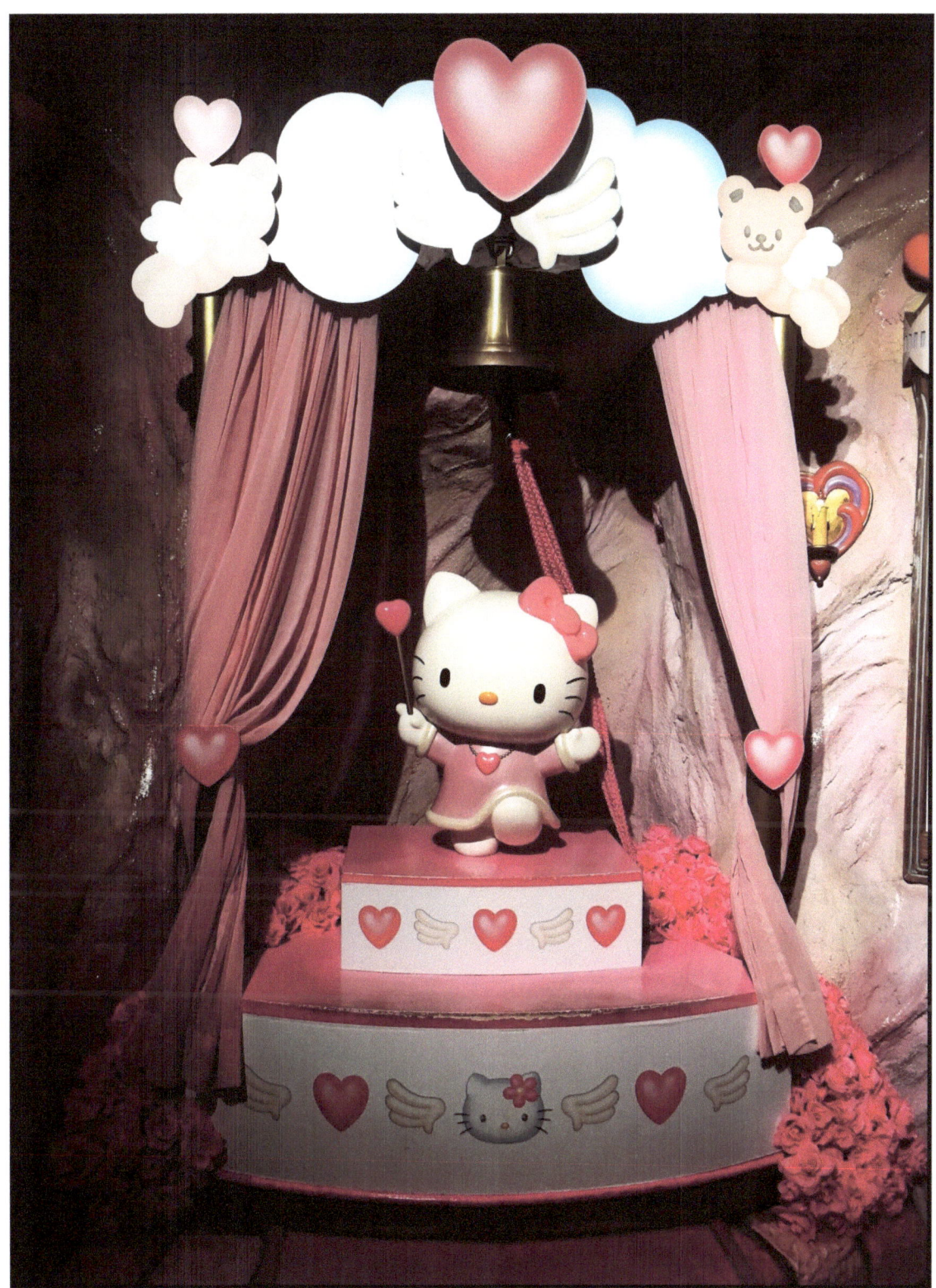

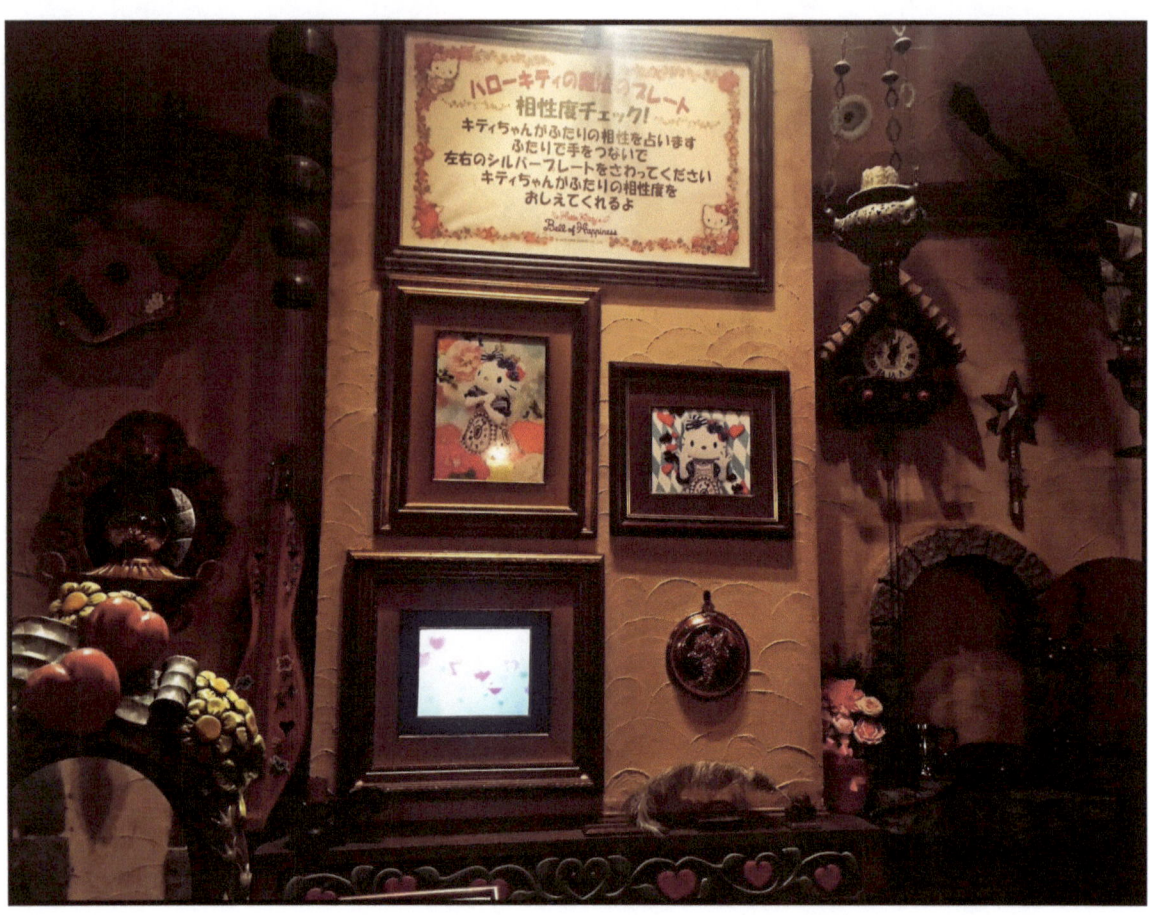

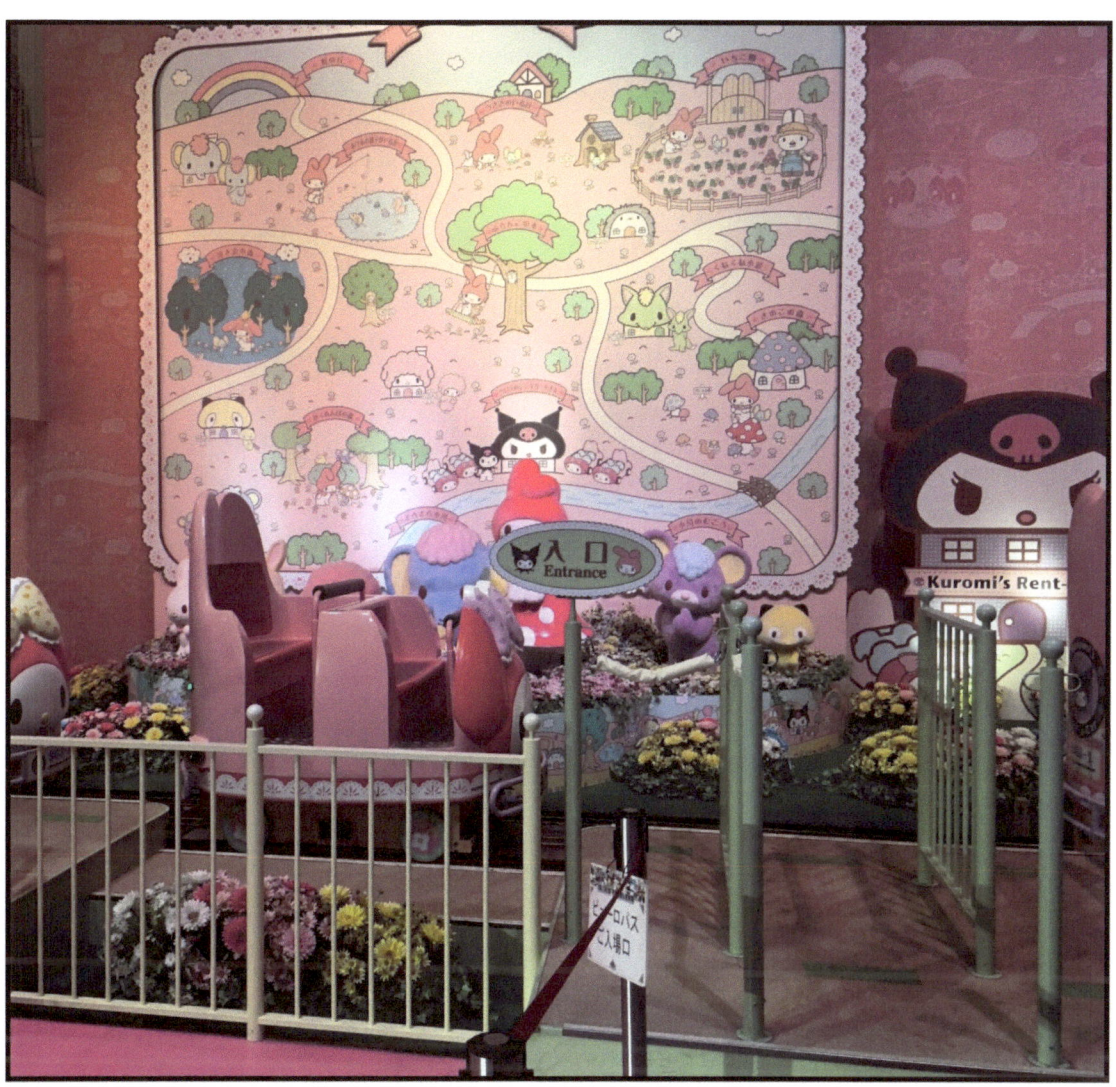

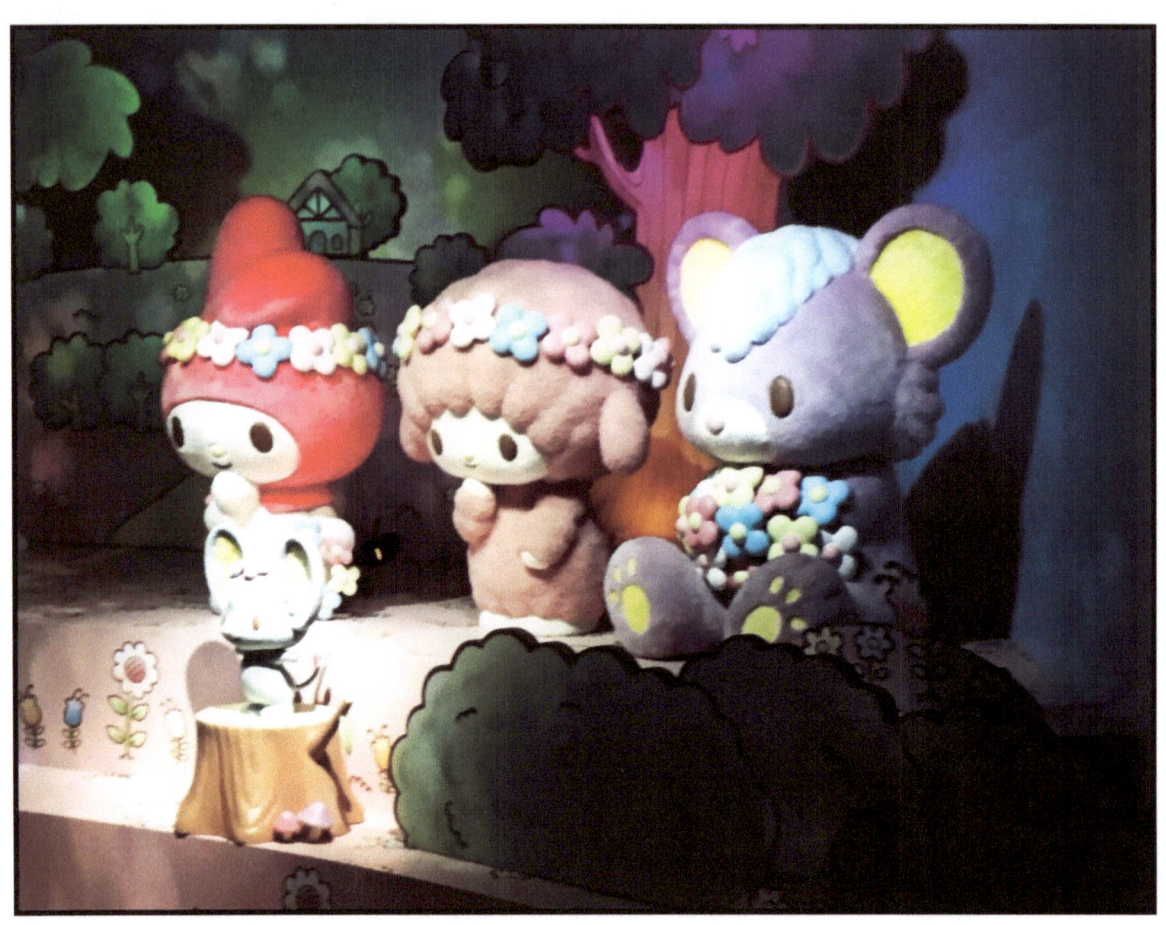

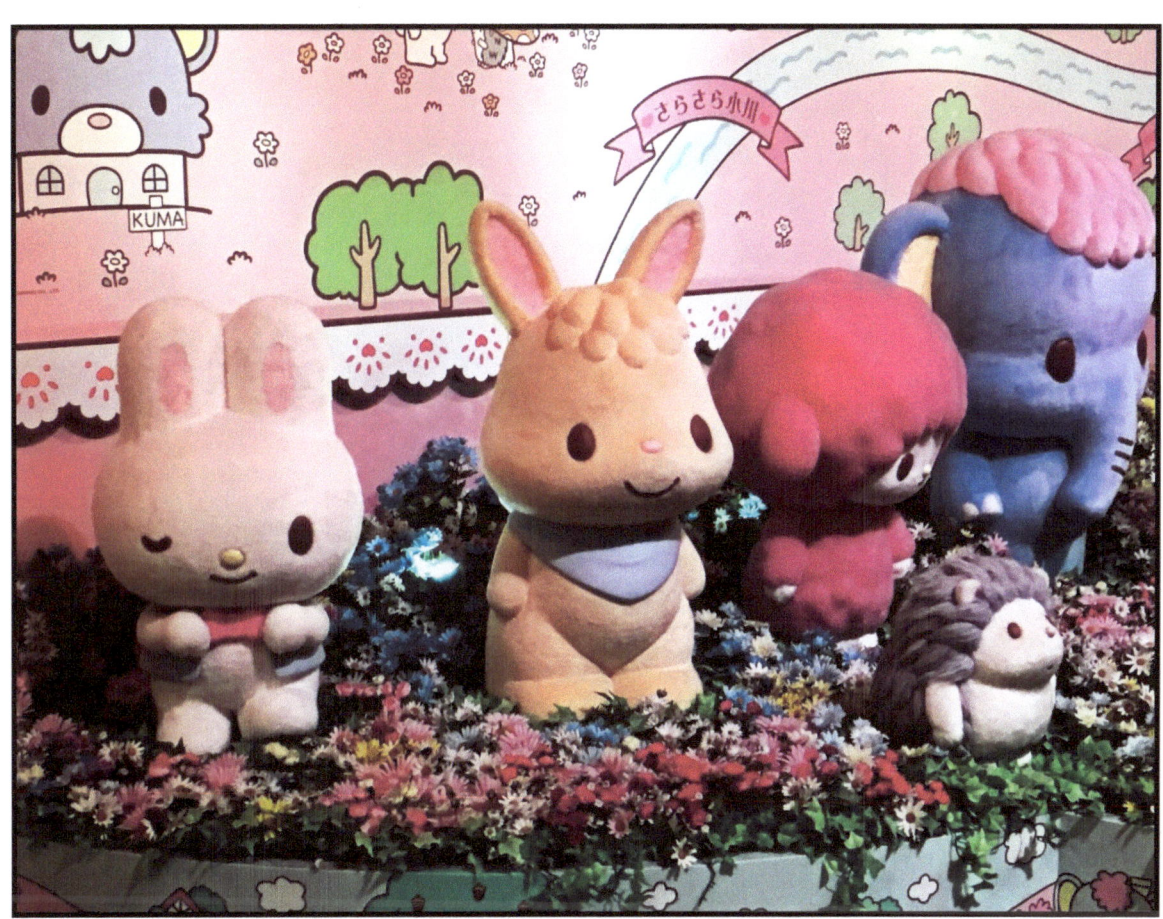

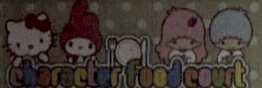

MENU
キャラクターフードコート・メニュー

国産米使用

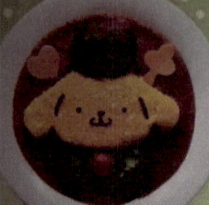

プリンハンバーグカレー
Purin Hamburger Curry 布丁飛漢堡咖喱飯
¥1,300 (税込)
アレルギー 乳・小麦・大豆・牛肉・鶏肉・豚肉・りんご・ゼラチン

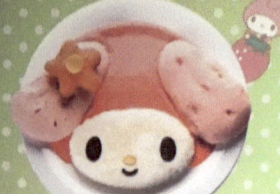

マイメロディピンクカレー
My Melody Pink Curry 美樂蒂粉色咖喱飯
¥1,400 (税込)
アレルギー 乳・小麦・大豆・鶏肉・豚肉・オレンジ

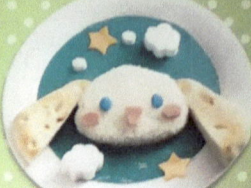

シナモン空飛ぶルーカレー
Cinnamon Sky High Curry 大耳狗空中飛翔咖喱飯
¥1,300 (税込)
アレルギー 卵・乳・小麦・大豆・豚肉・山芋・オレンジ・ゼラチン

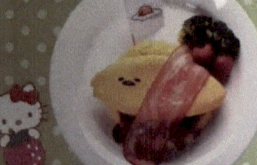

だりぃ〜ライス(キーマカレー)
Lazy Omelette with Rice (Keema Curry) 懶洋洋蛋黄芥的日式肉末咖喱飯
¥1,200 (税込)
アレルギー 卵・乳・小麦・大豆・牛肉・鶏肉・豚肉・りんご・ゼラチン

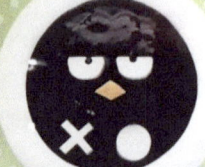

XO(ばつ丸)のツンデレカレー
Badtz-Maru Big Attitude Curry 酷企鵝企鵝咖喱飯
¥1,200 (税込)
アレルギー 卵・小麦・大豆・豚肉・山芋

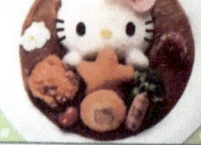

キティちゃん華麗なカレー
Hello Kitty's Gorgeous Curry Kitty豪華咖喱飯
¥1,300 (税込)
アレルギー 卵・乳・小麦・大豆・牛肉・鶏肉・豚肉・りんご

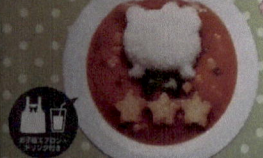

お子様カレー (低アレルゲン)
Kids curry (low-allergen) 兒童咖喱飯 (低敏)
¥680 (税込)
アレルギー 大豆・牛肉・鶏肉・りんご・バナナ

ハンギョドンとさゆりちゃんの仲良しカレー
Hangyodon & Sayuri BFF Curry 小人魚組合咖喱飯
¥1,100 (税込)
アレルギー 卵・乳・小麦・大豆・牛肉・鶏肉・豚肉・オレンジ

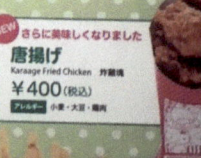

NEW さらに美味しくなりました
唐揚げ
Karaage Fried Chicken 炸雞塊
¥400 (税込)
アレルギー 小麦・大豆・鶏肉

フライドポテト
Karaage Fried Chicken 炸薯條
¥280 (税込)
アレルギー 小麦・大豆

温かいスープ …… ¥320 (税込)
Hot soups 熱湯
・コーンスープ　Corn soup 玉米濃湯

コールドドリンク …… ¥280 (税込)
Cold drinks 冷飲
・コカ・コーラ　Coca-cola 可口可樂
・ファンタメロンソーダ　Fanta melon soda 芬達 蜜瓜汽水
・カルピス　Calpis 可爾必思
・山ぶどうブレンドジュース　Grape juice 葡萄汁
・ウーロン茶　Oolong tea 烏龍茶
・アイスコーヒー　Iced coffee 冰咖啡
・アイスカフェラテ　Iced café latte 冰拿鐵

100%ドリンク …… ¥300 (税込)
Fruit juice all 100%純果汁
・ミニッツメイド100%オレンジ
　Minute Maid 100% orange juice Minute Maid 100% 橙汁
・ミニッツメイド100%アップル
　Minute Maid 100% apple juice Minute Maid 100% 蘋果汁

ホットドリンク …… ¥280 (税込)
Hot drinks 熱飲
・ホットコーヒー　Hot coffee 熱咖啡
・ホットカフェラテ　Hot café latte 熱拿鐵

缶ビール …… ¥500 (税込)
Beer (can) 罐裝啤酒

発泡酒 …… ¥350 (税込)
Low-malt beer 低麥芽啤酒

ノンアルコールビール …… ¥350 (税込)
Non-alcohol beer 無酒精啤酒

牛乳 …… ¥200 (税込)
Milk 牛奶

ボルヴィック …… ¥150 (税込)
Volvic water Volvic 水

MENU
キャラクター・フードコート・メニュー

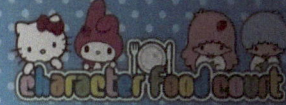

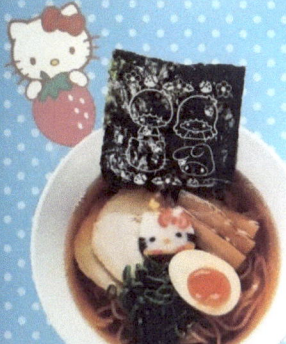

定番！キティ醤油ラーメン
Old Favorite Hello Kitty Shoyu (Soy Sauce) Ramen Noodles
经典！Kitty醤油拉麺
¥850 (税込)

ぐでたまチャーシューメン
Gudetama Chashumen (Noodles with Braised Pork)
蛋黄哥叉焼麺
¥1,000 (税込)

プリンとマフィンの醤油ラーメン
Purin & Muffin Shoyu (Soy Sauce) Ramen Noodles
布丁狗和小麦芬的醤油拉麺
¥1,000 (税込)

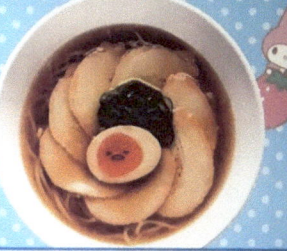
●プレート、バスケットはサンリオピューロランドオリジナルです

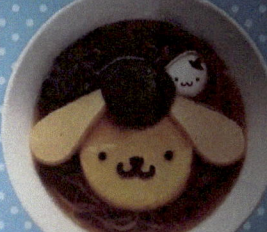

ピアノちゃんのクリームパスタ
Piano's Cream Pasta 草莓的Pianochan奶油義大利麺
¥900 (税込)

キティのピンクバーガープレート
The Hello Kitty Pink Hamburger Plate Kitty粉红漢堡套餐
¥1,600 (税込)

容器はお持ち帰りできます

キティのピンクバーガーバスケット
The Hello Kitty Pink Hamburger Basket Kitty粉色漢堡套餐
¥1,600 (税込)

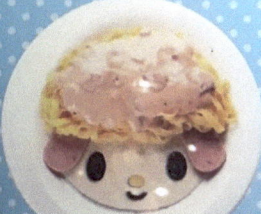
国産米使用

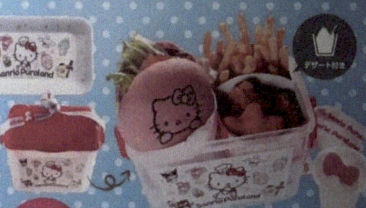

なかよしリボンサラダ
Best Friends Ribbon Salad 友愛蝴蝶結沙拉
¥450 (税込)

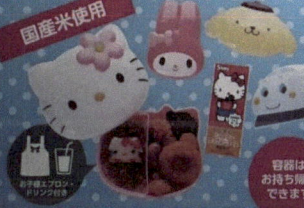
お子様エプロン・ドリンク付き

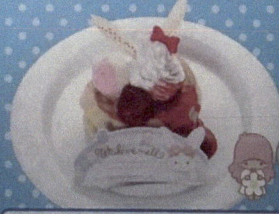
容器はお持ち帰りできます

唐揚げ
Karaage Fried Chicken 炸鶏塊
¥400 (税込)

キャラクターお弁当
Character Bento Box Lunch 卡通便當
¥1,200 (税込)

メルちゃんのリコッタパンケーキ
Mell-chan Ricotta Pancakes mellchan的起司餅
¥800 (税込)

フライドポテト
Karaage Fried Chicken 炸鶏塊
¥280 (税込)

温かいスープ ······ ¥320 (税込)
Hot soups 熱湯
・コーンスープ Corn soup

コールドドリンク ······ ¥280 (税込)
Cold drinks 冷飲
・コカ・コーラ Coca-cola 可口可樂
・ファンタ メロンソーダ Fanta melon soda 芬達 甜瓜蘇打
・カルピス Calpis 可爾必思
・ぶどうブレンドジュース Grape juice 葡萄汁
・ウーロン茶 Oolong tea 烏龍茶
・アイスコーヒー Iced coffee 冰咖啡
・アイスカフェラテ Iced café latte 冰拿鐵

100%ドリンク ······ ¥300 (税込)
Fruit juice 100%純果汁
・ミニッツメイド100%オレンジ
Minute Maid 100% orange juice Minute Maid 100% 橙汁
・ミニッツメイド100%アップル
Minute Maid 100% apple juice Minute Maid 100% 蘋果汁

ホットドリンク ······ ¥280 (税込)
Hot drinks 熱飲
・ホットコーヒー Hot coffee 熱咖啡
・ホットカフェラテ Hot café latte 熱拿鐵

缶ビール ······ ¥500 (税込)
Beer (can) 瓶裝啤酒

発泡酒 ······ ¥350 (税込)
Low-malt beer 低麦芽啤酒

ノンアルコールビール ······ ¥350 (税込)
Non-alcohol beer 無酒精啤酒

牛乳 ······ ¥200 (税込)
Milk 牛奶

ボルヴィック ······ ¥150 (税込)
Volvic water Volvic 水

©1976, 2016 SANRIO

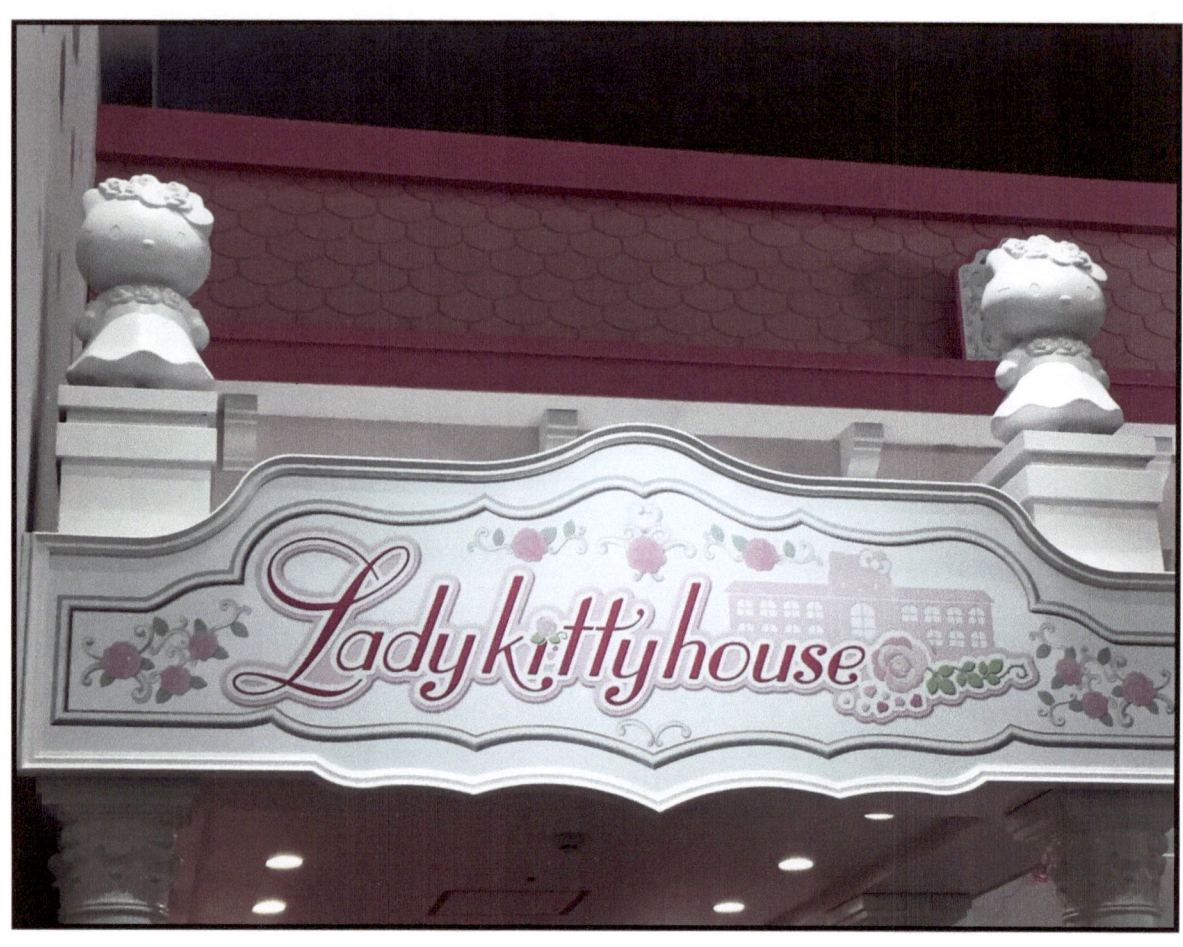

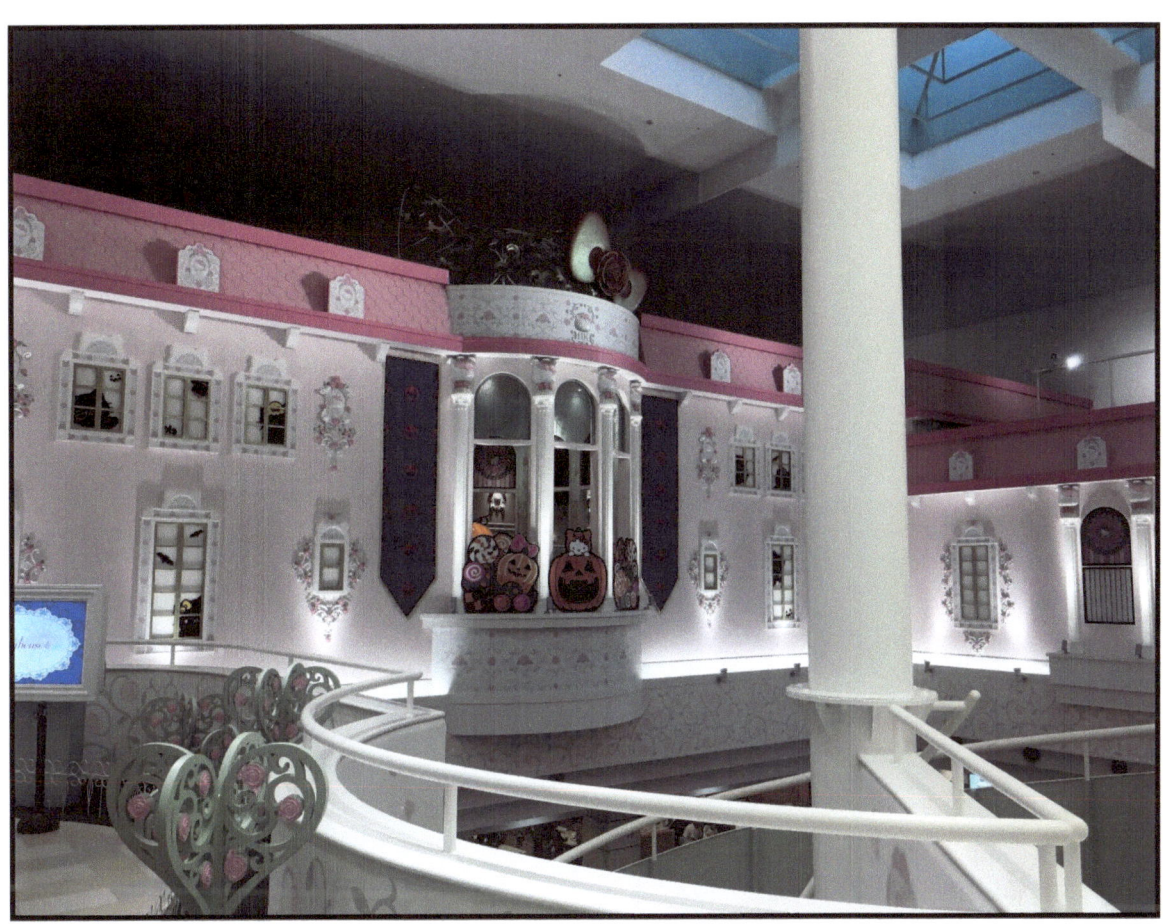

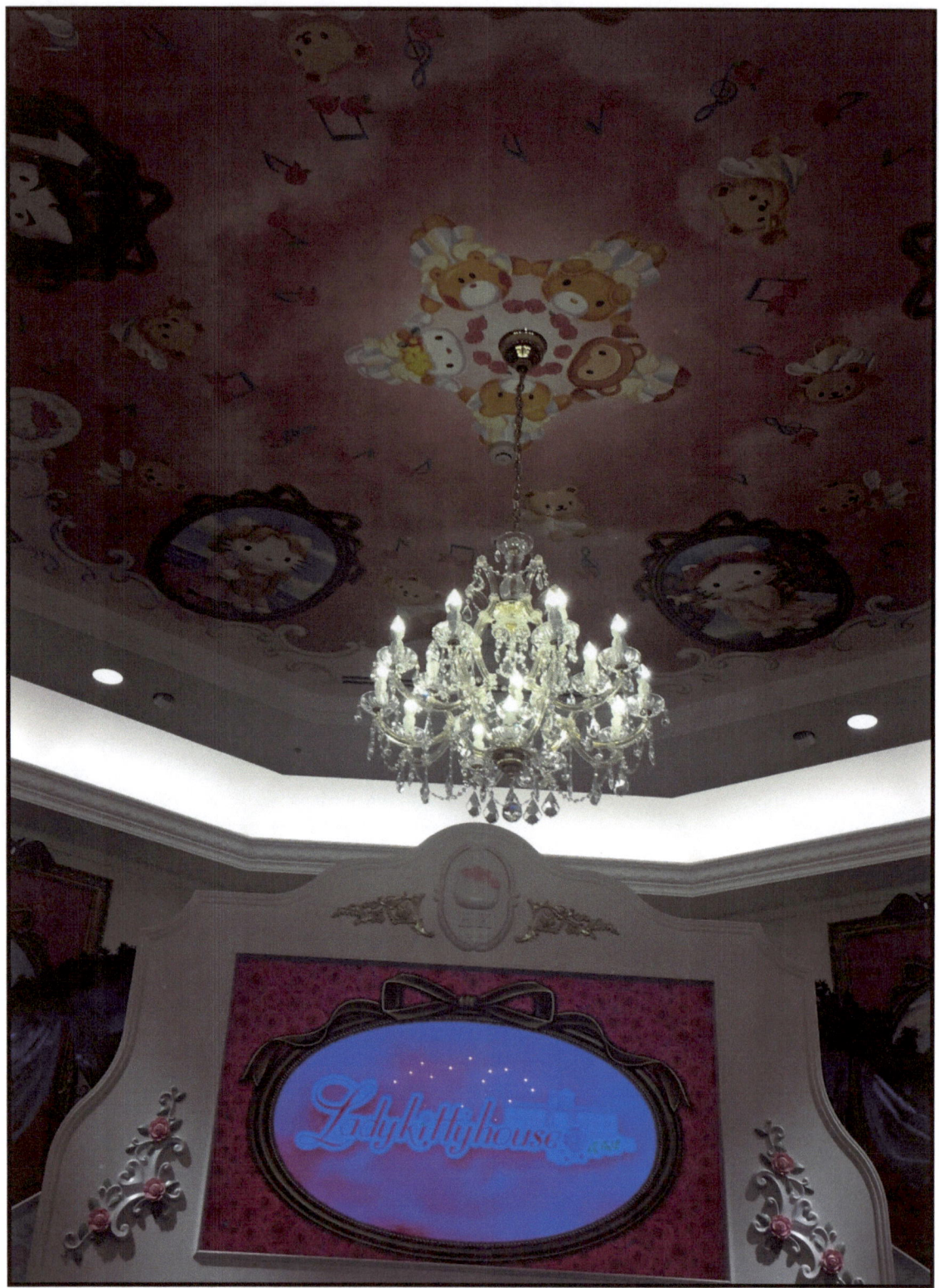

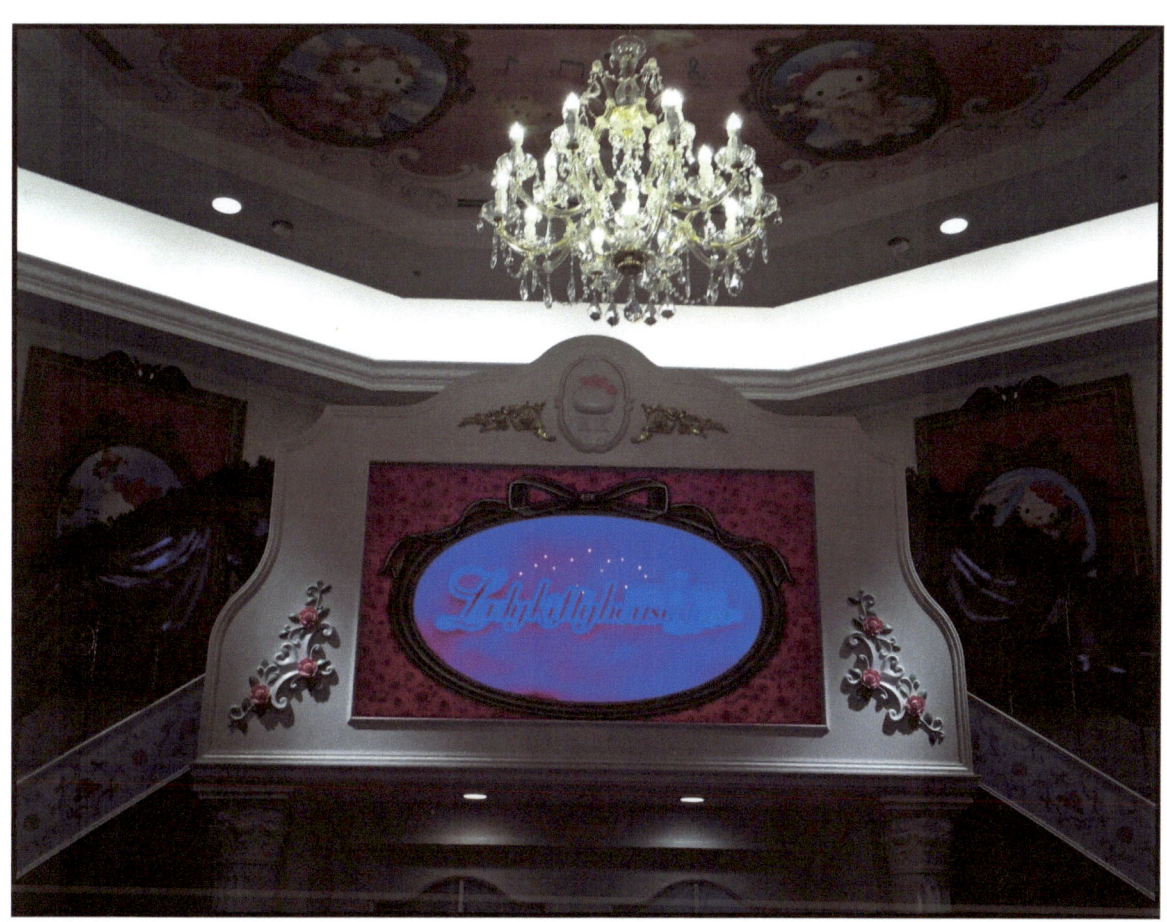

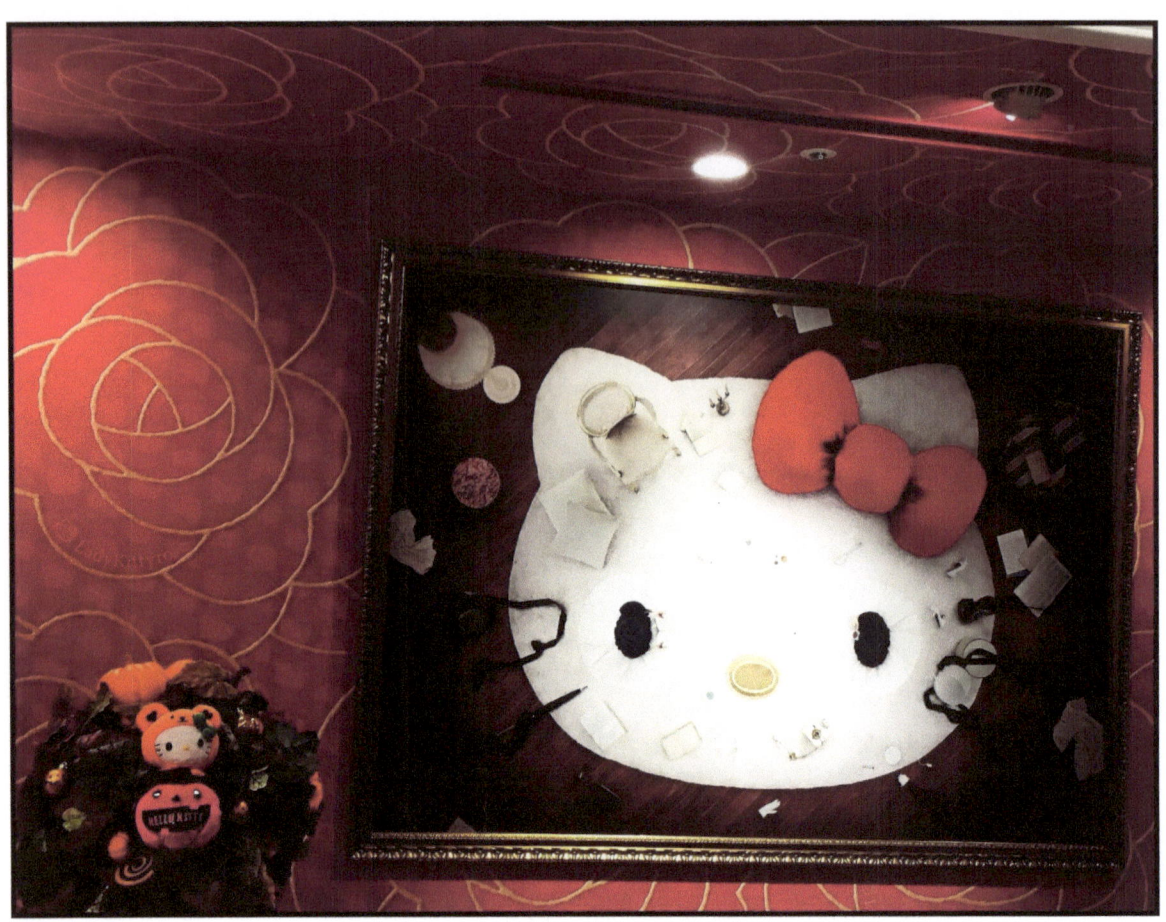

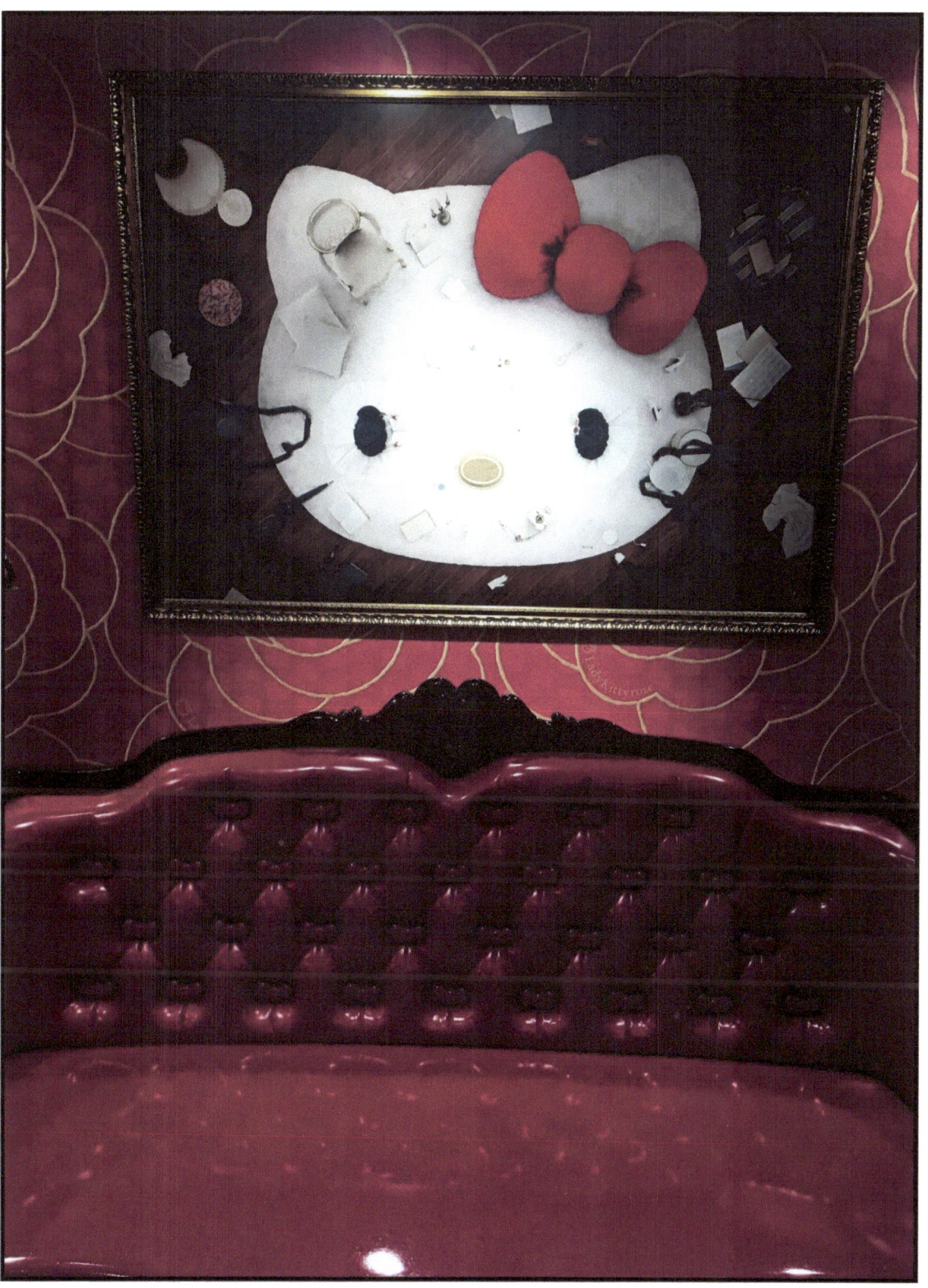

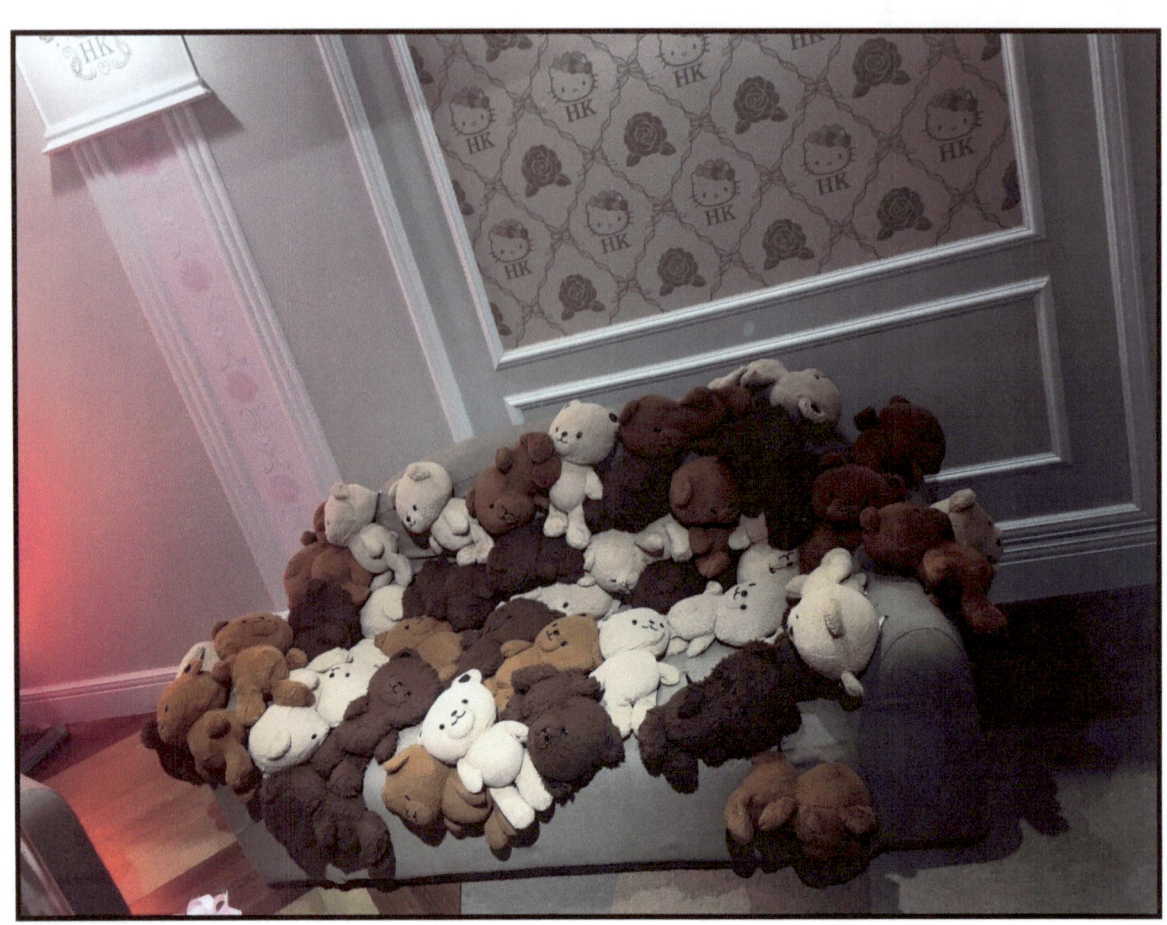

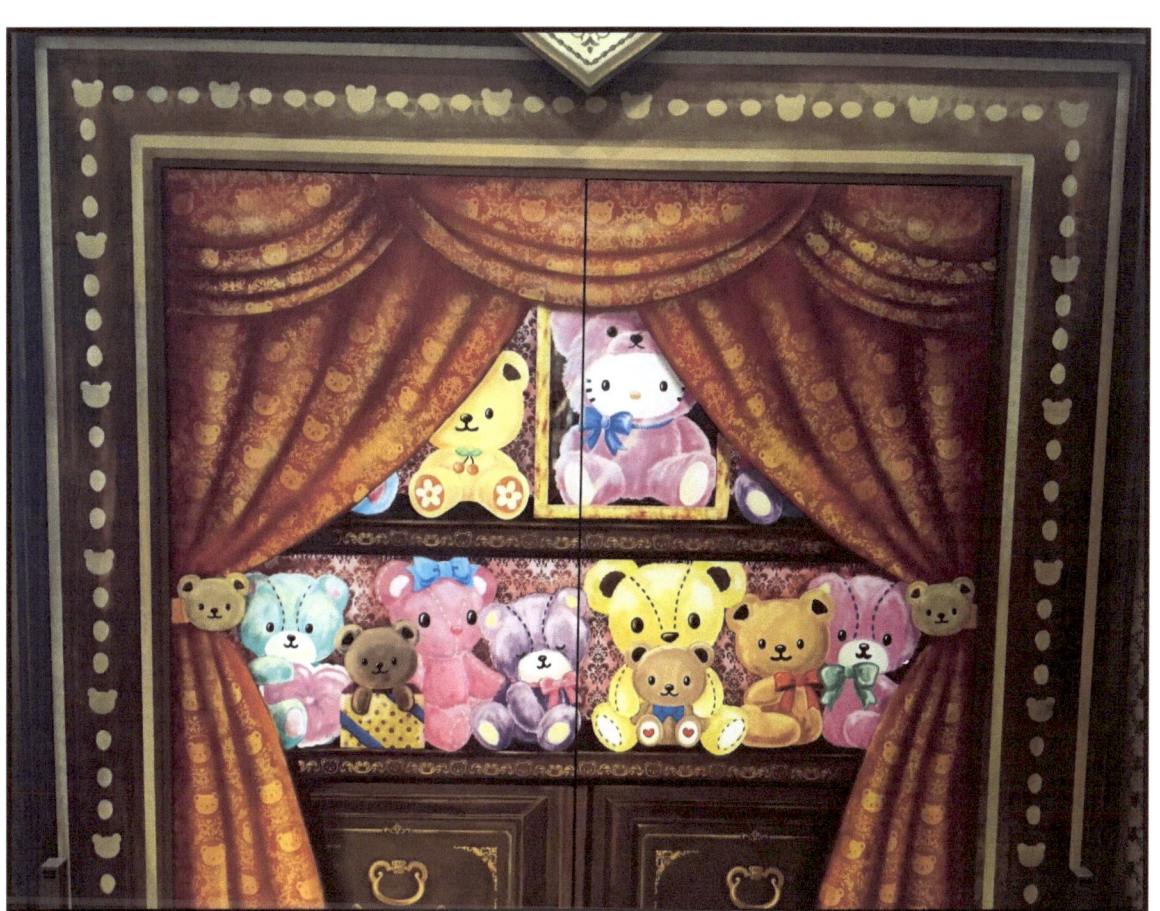

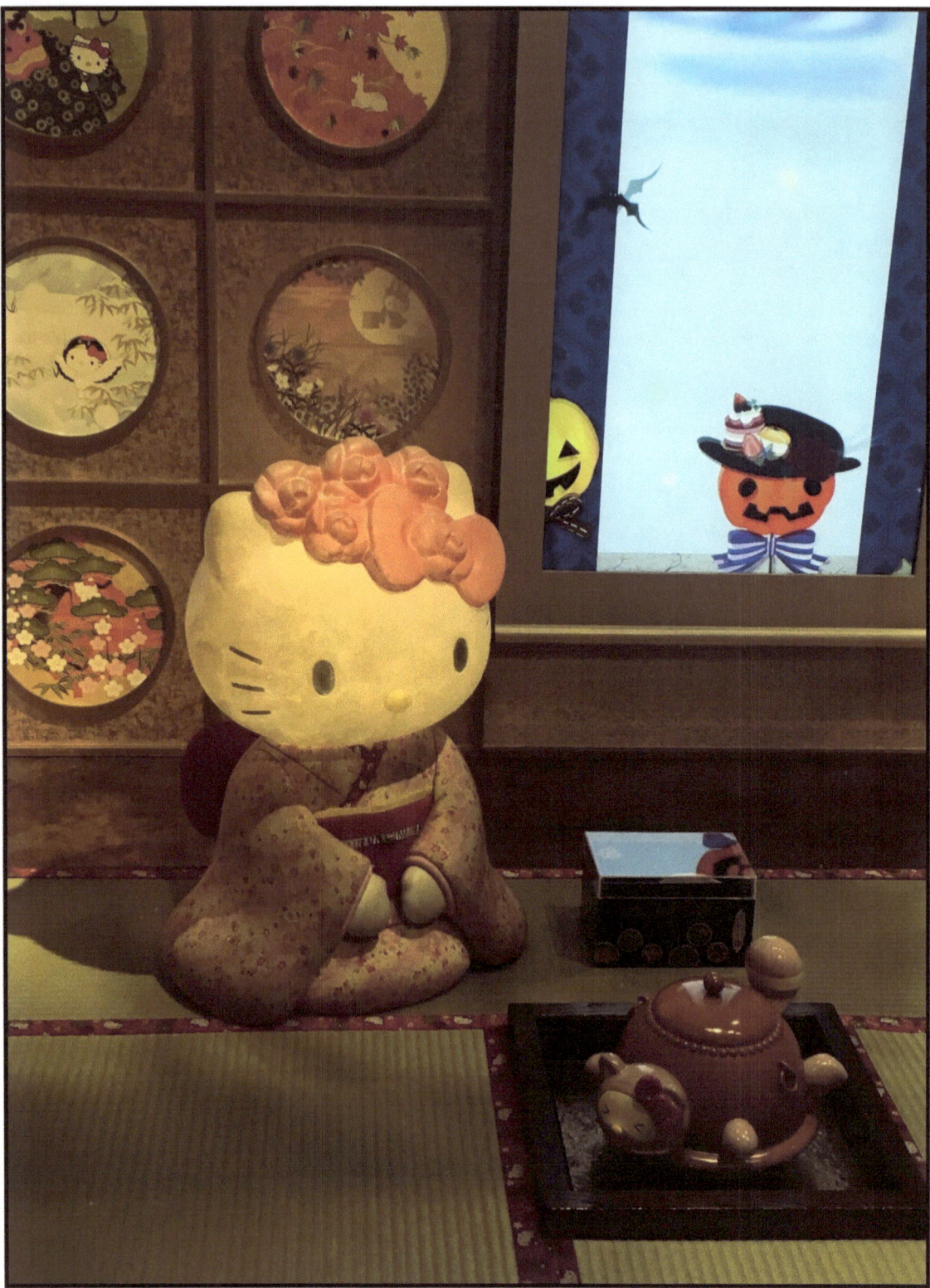

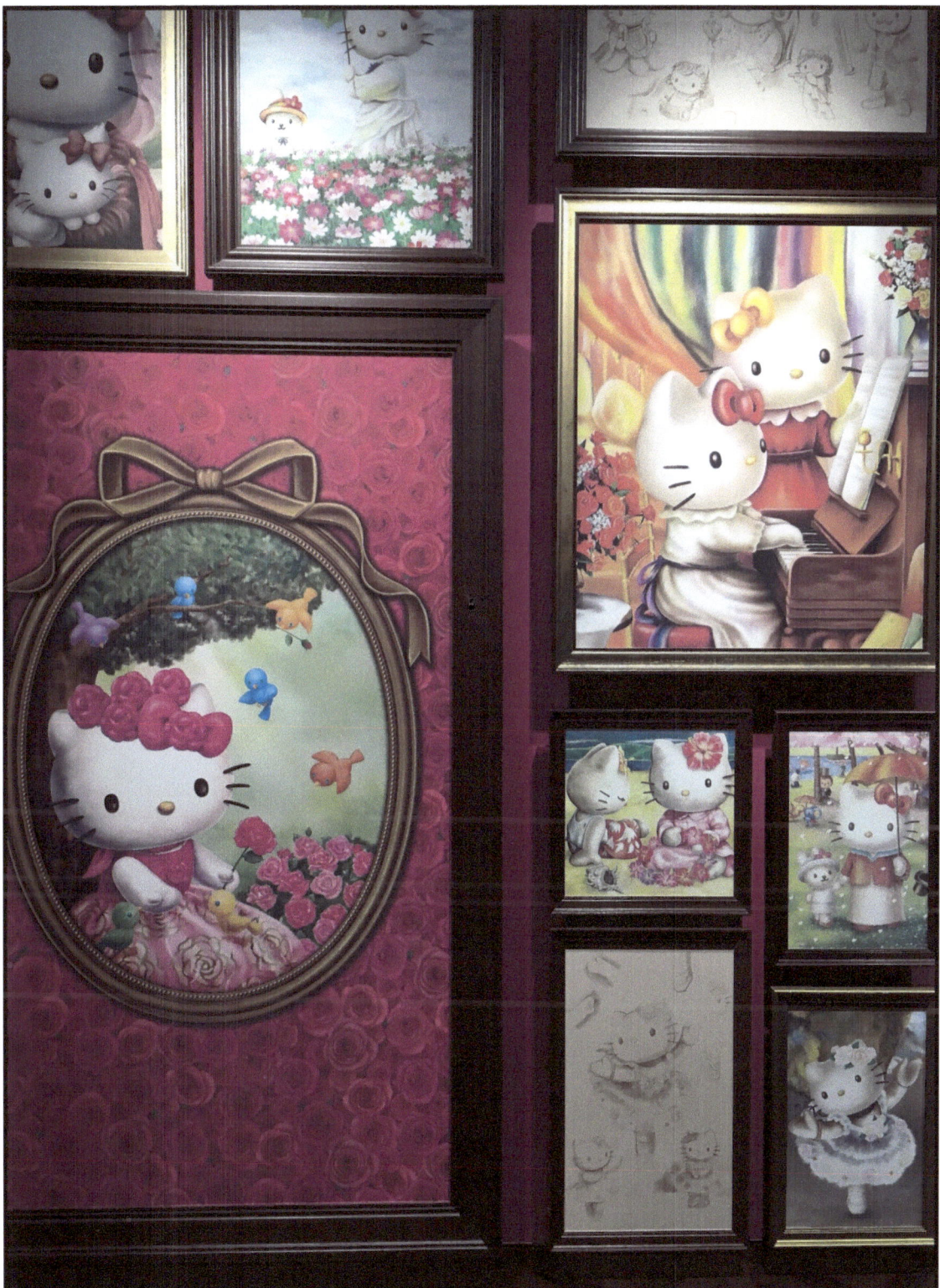

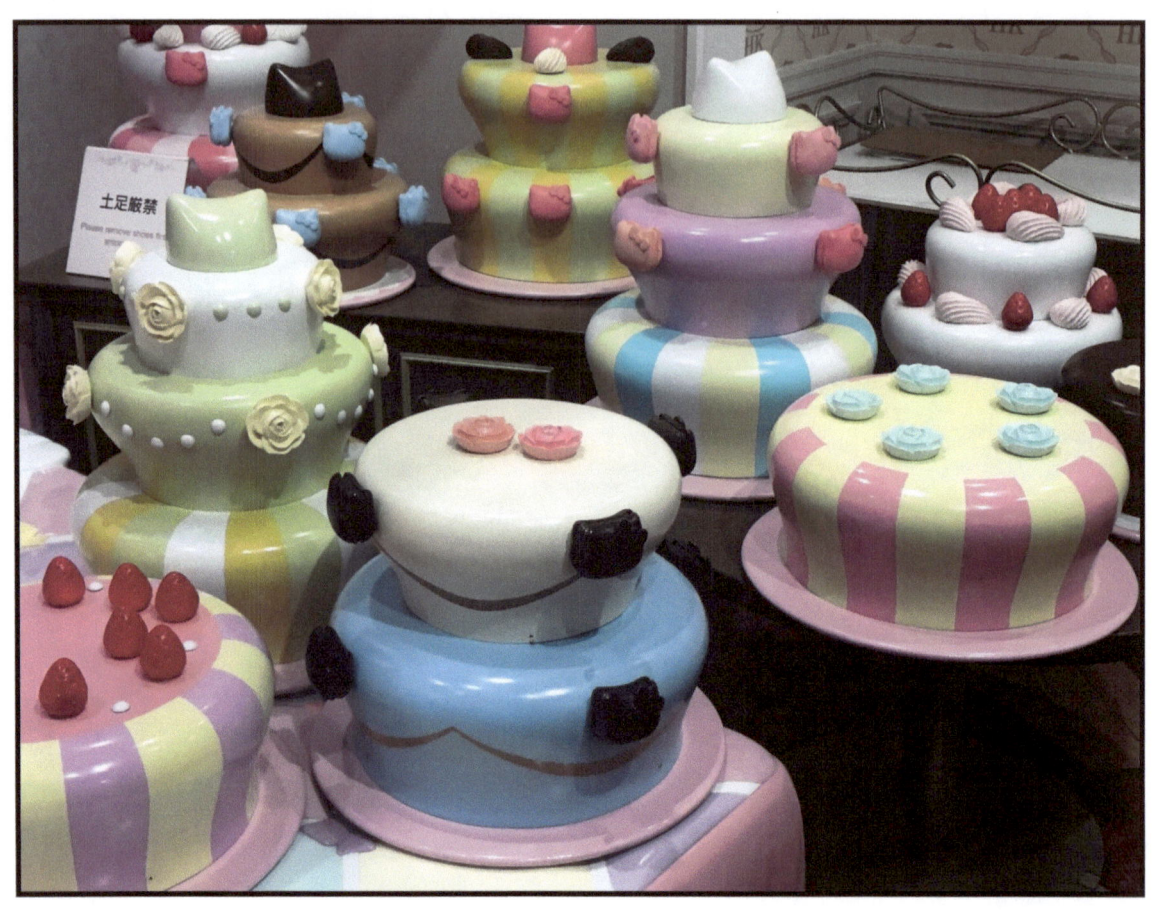

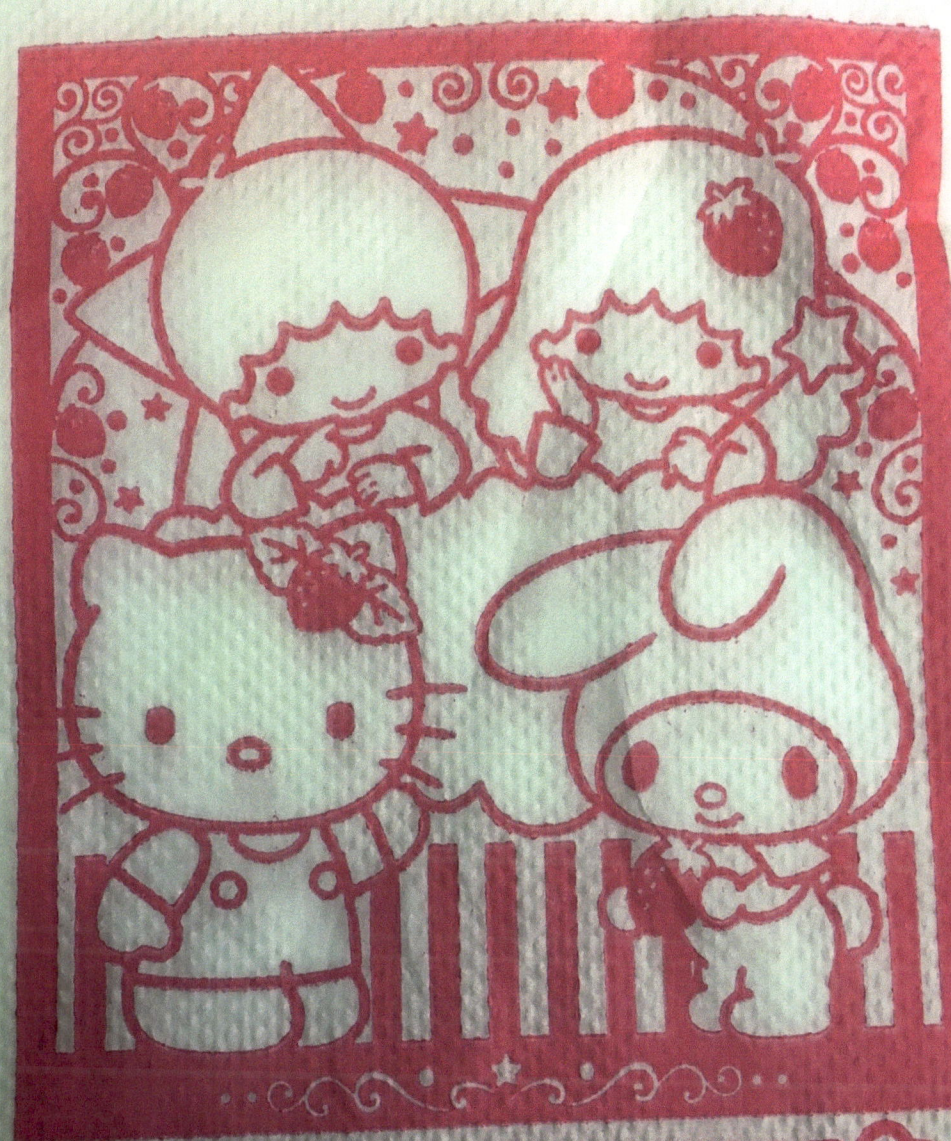

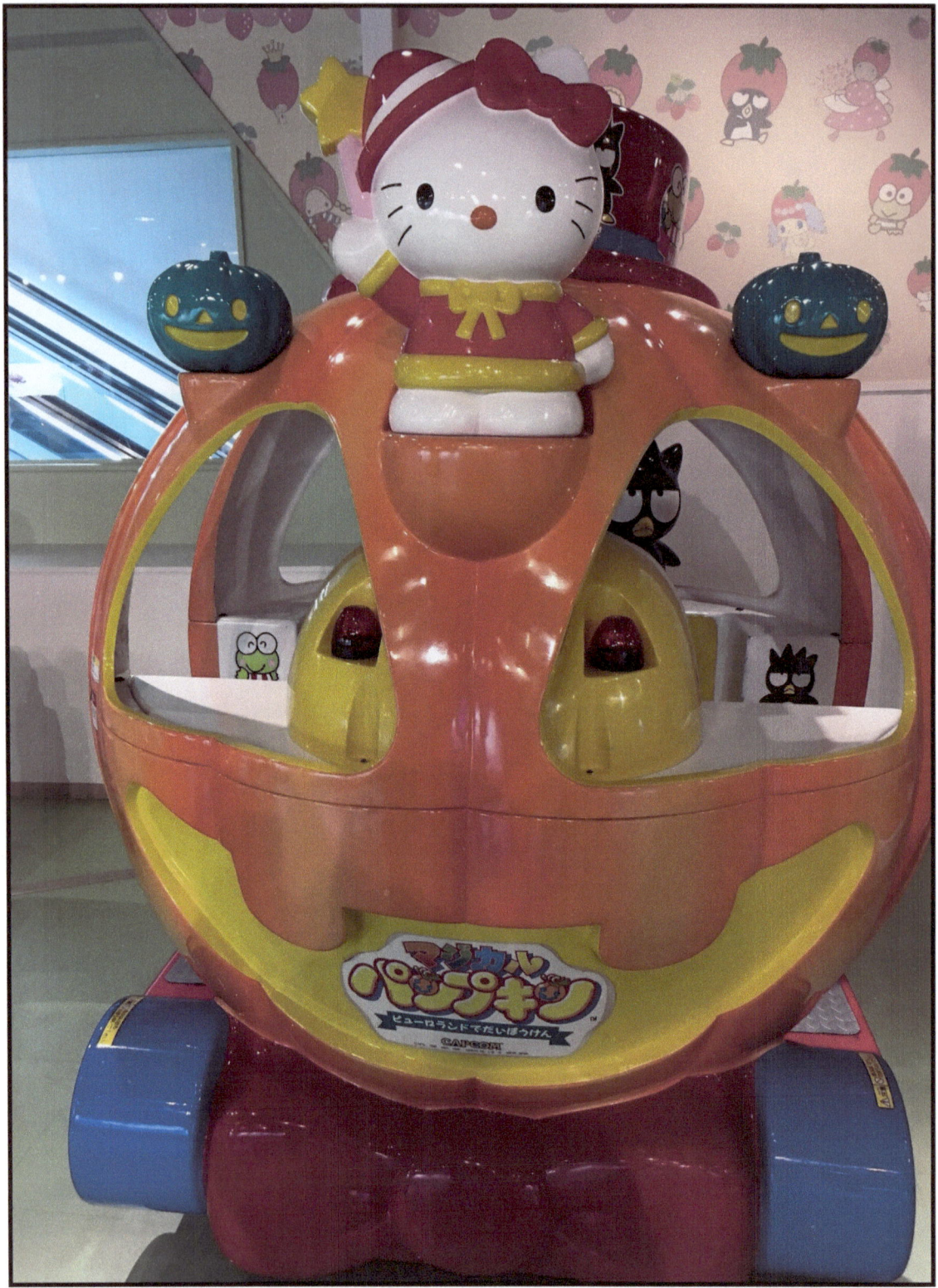

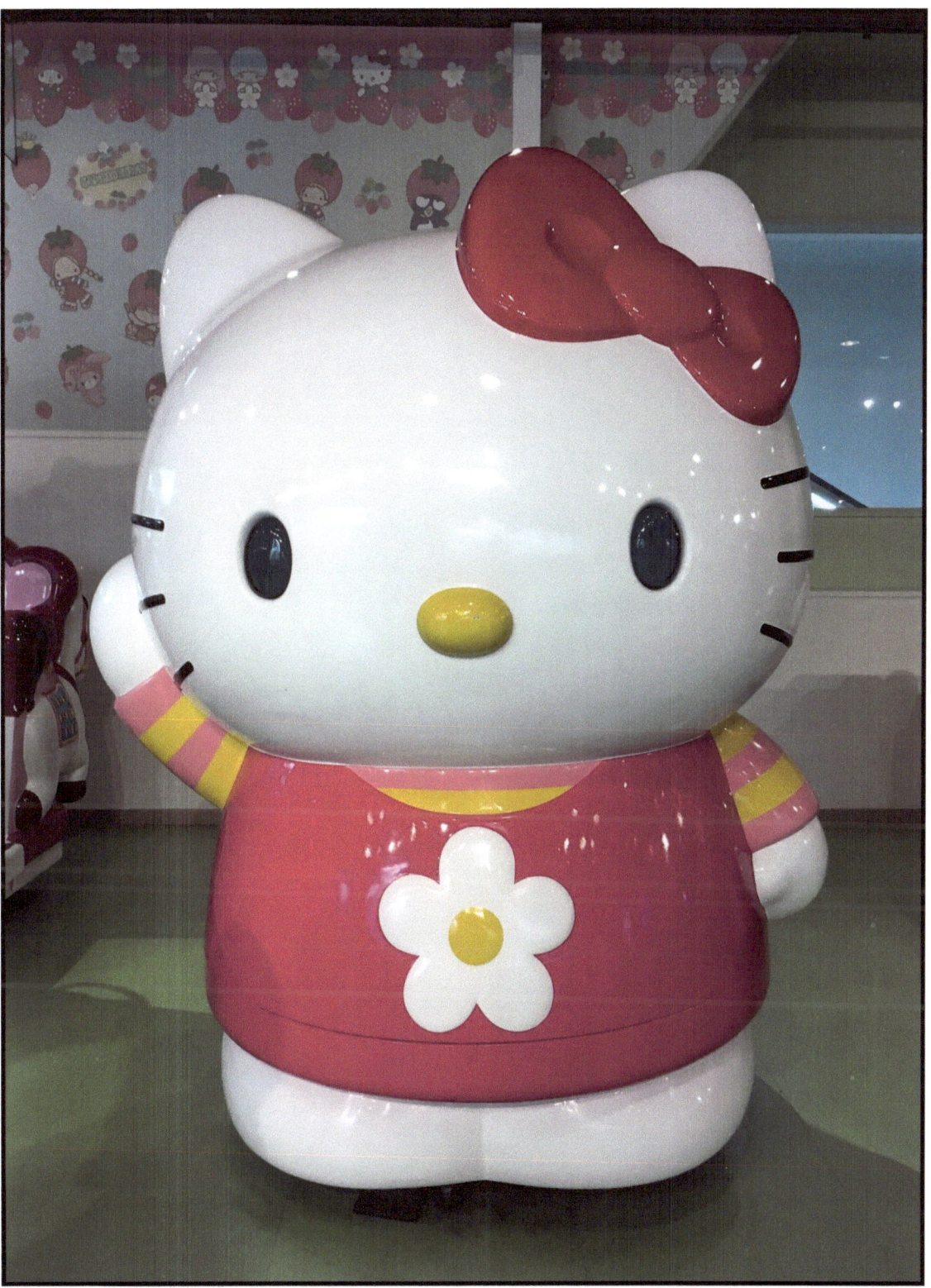

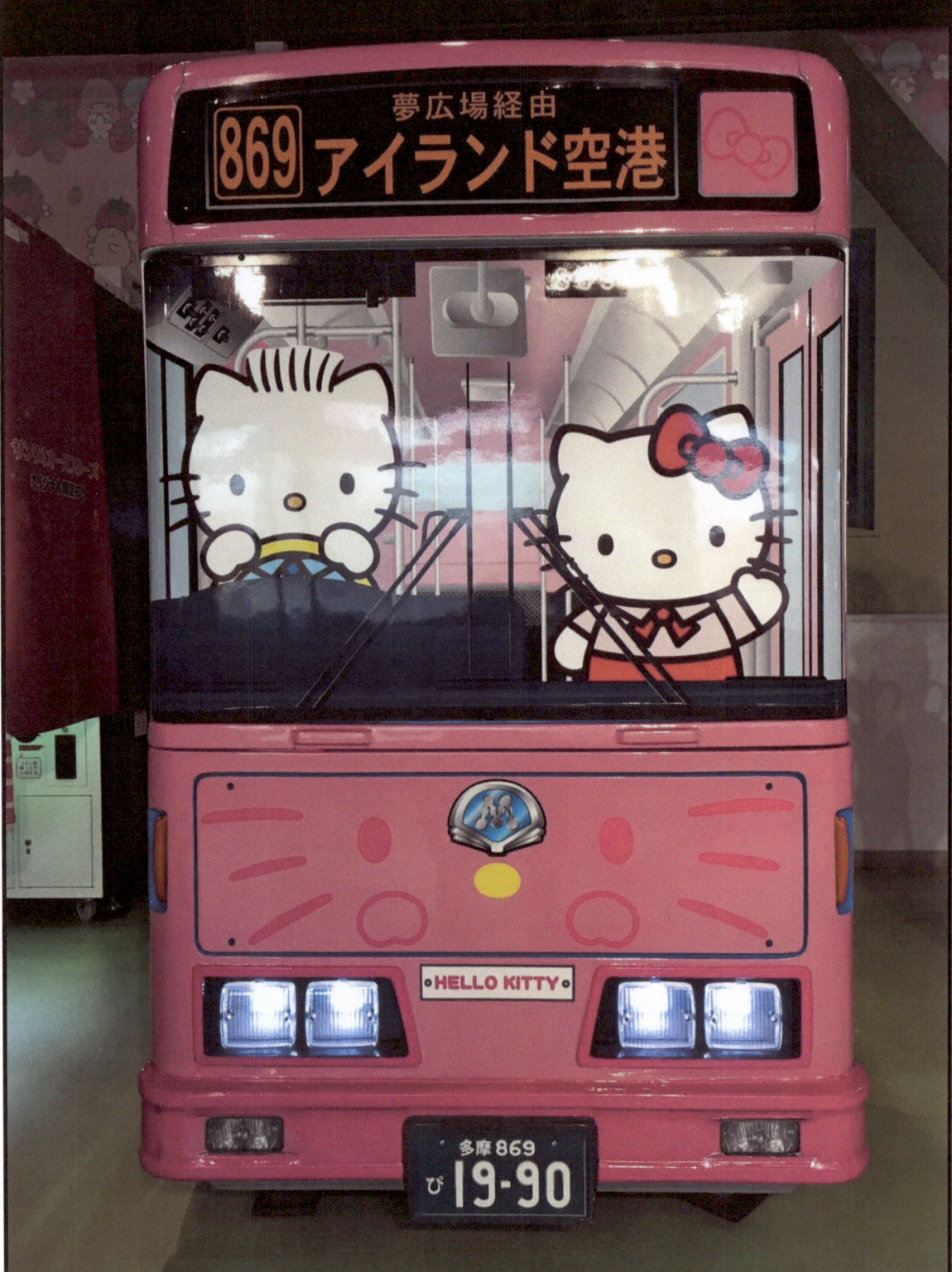

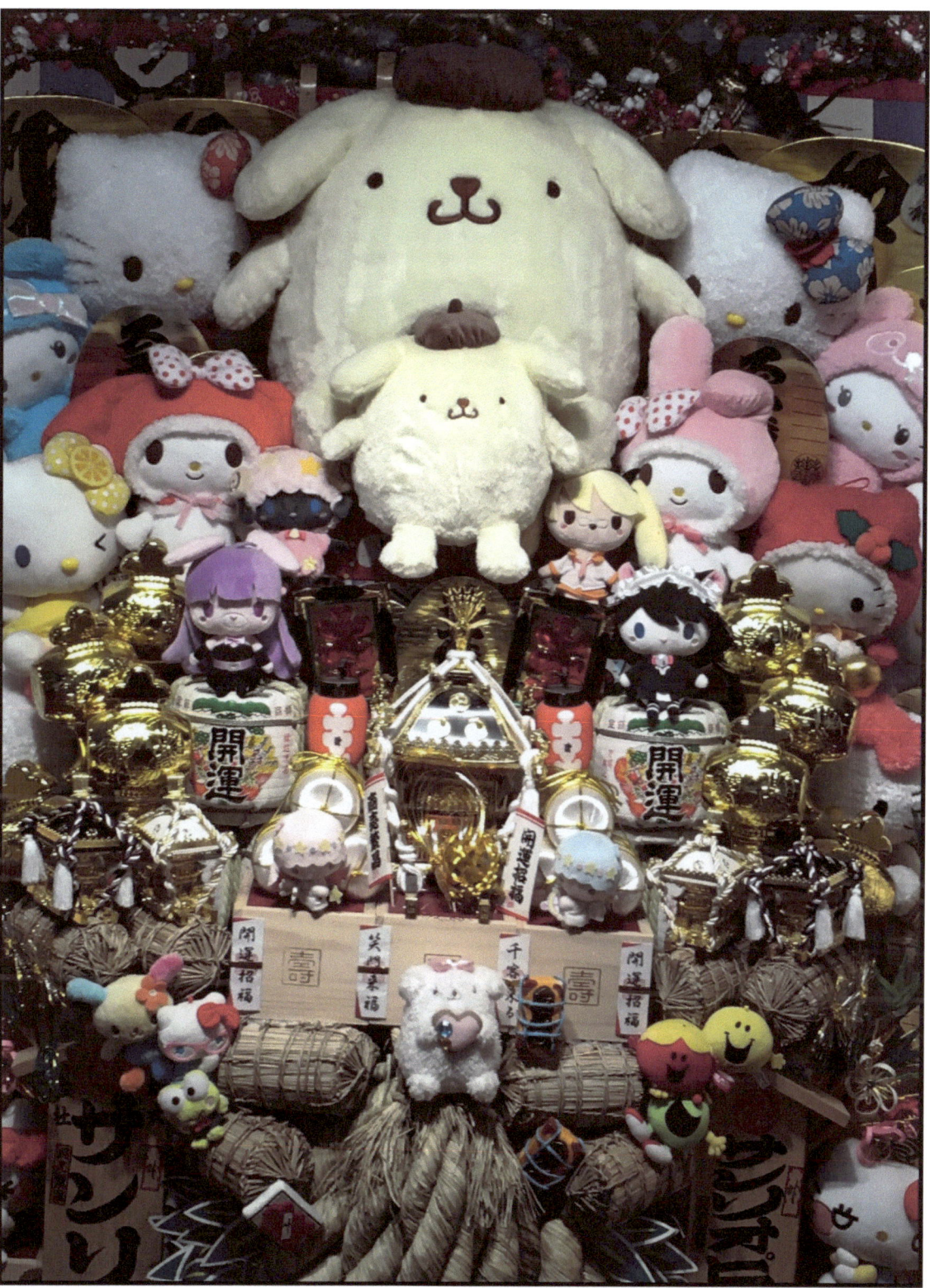

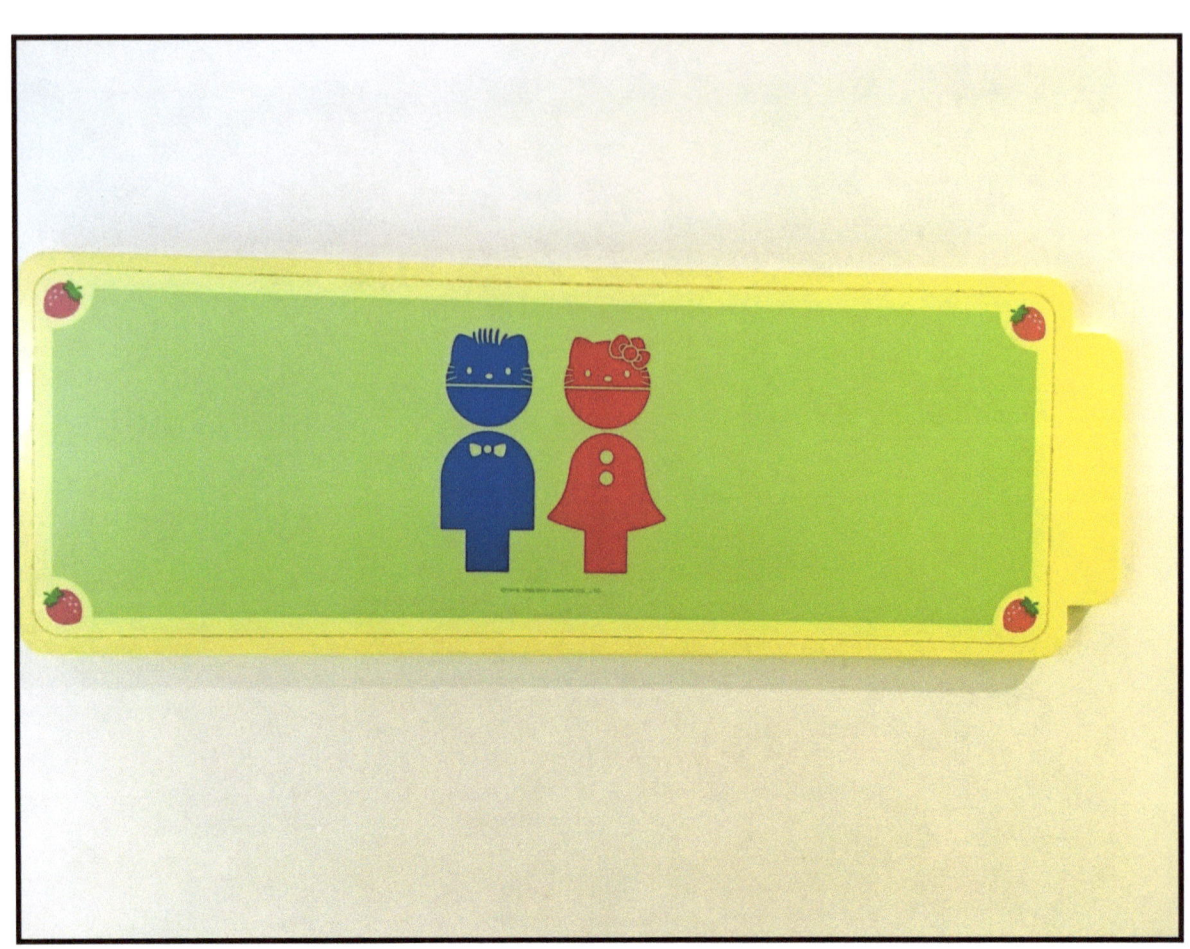

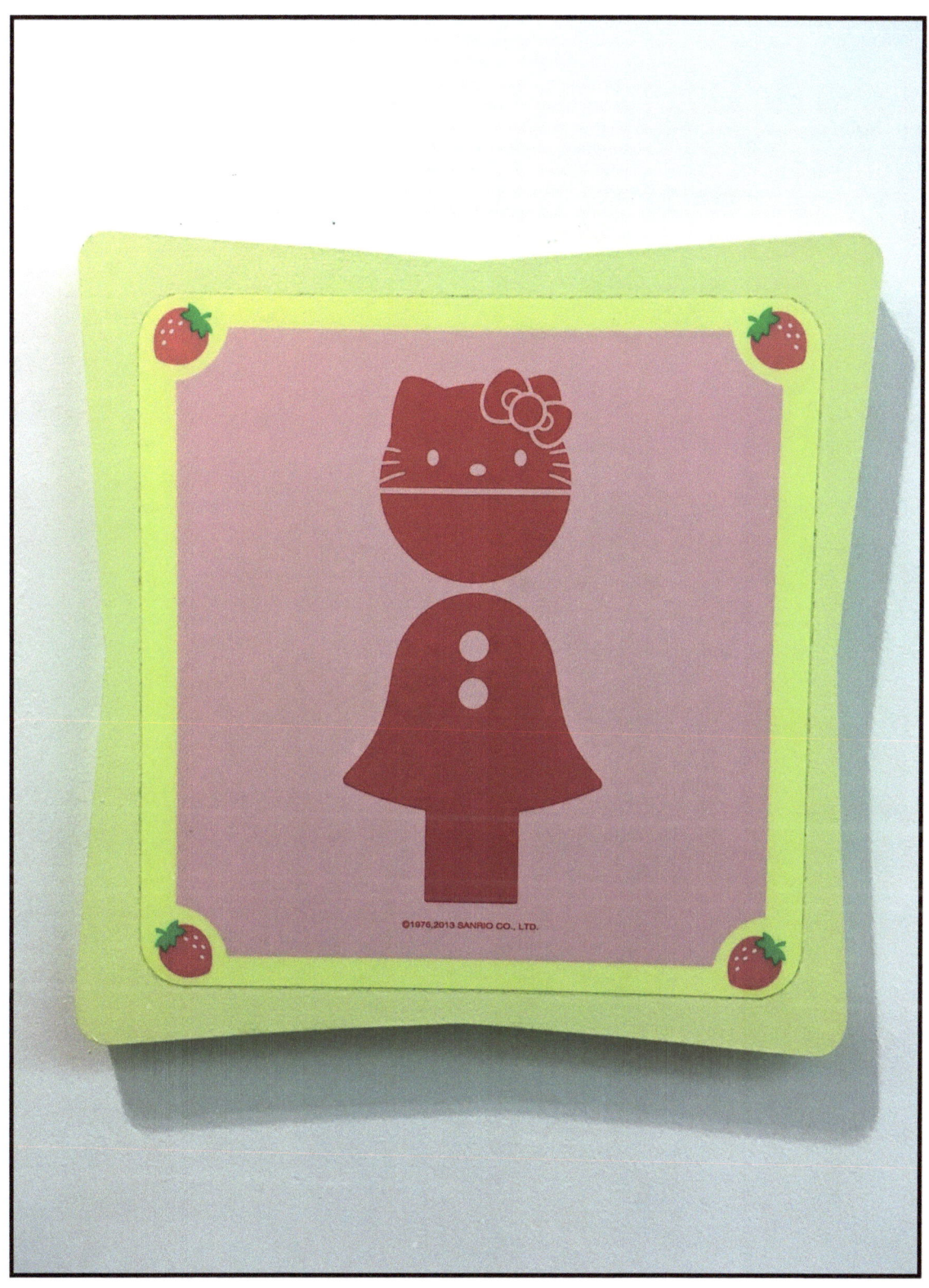

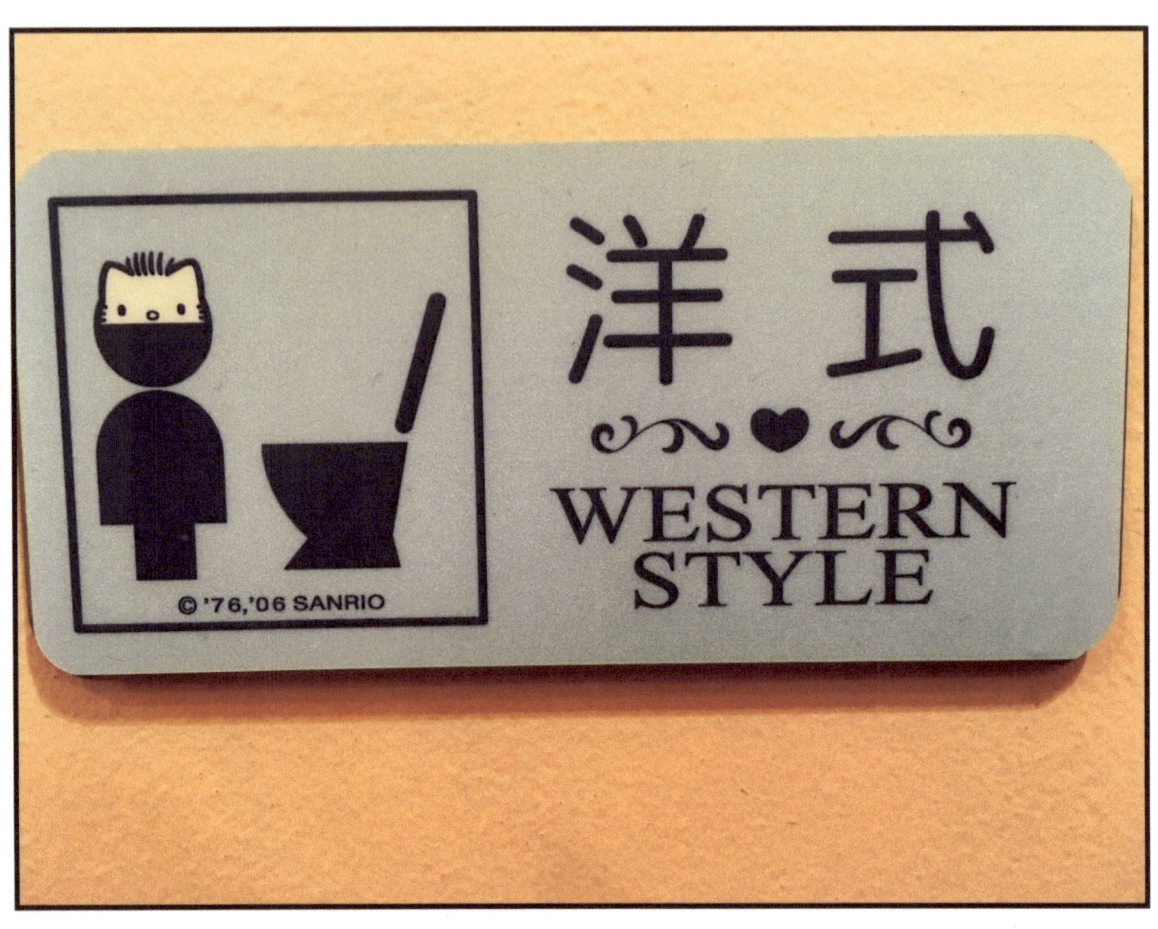

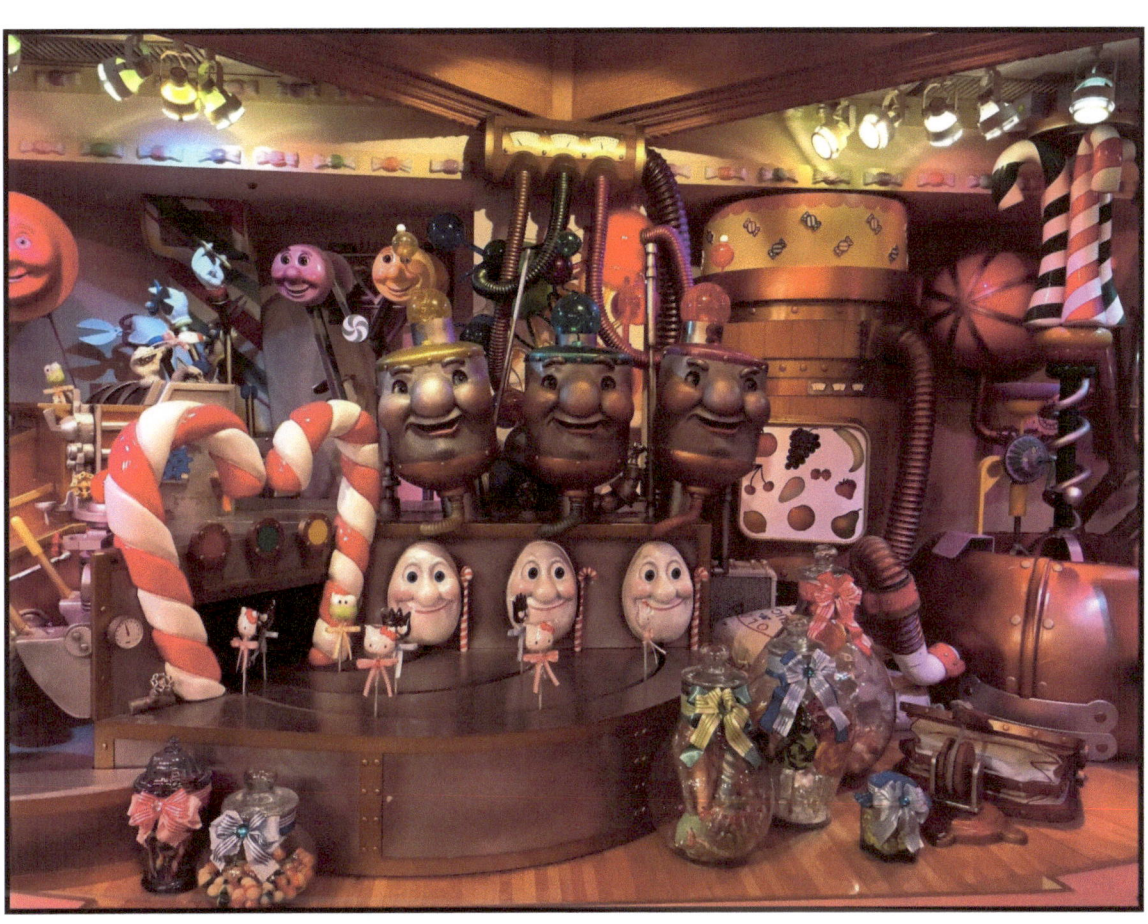

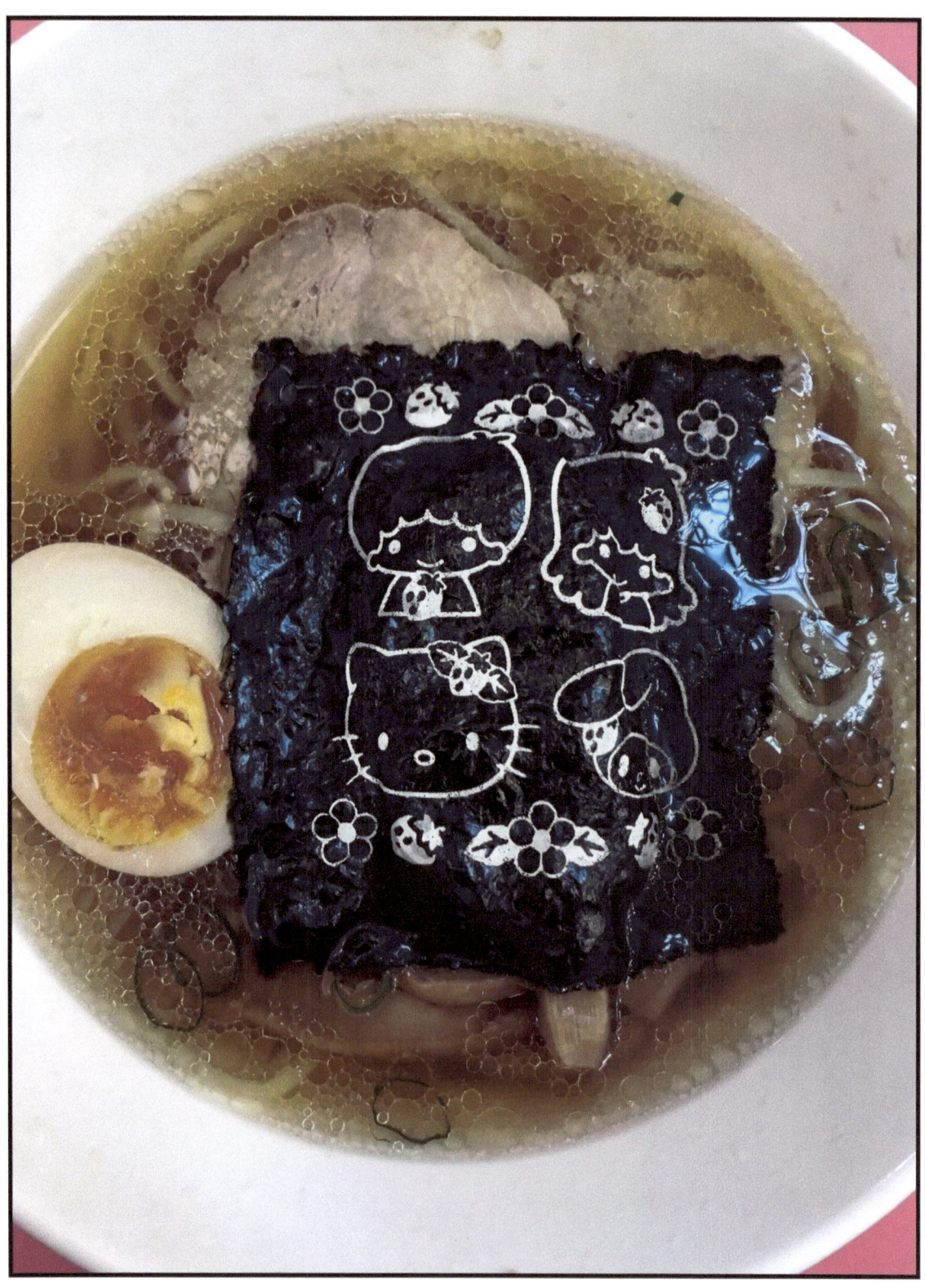

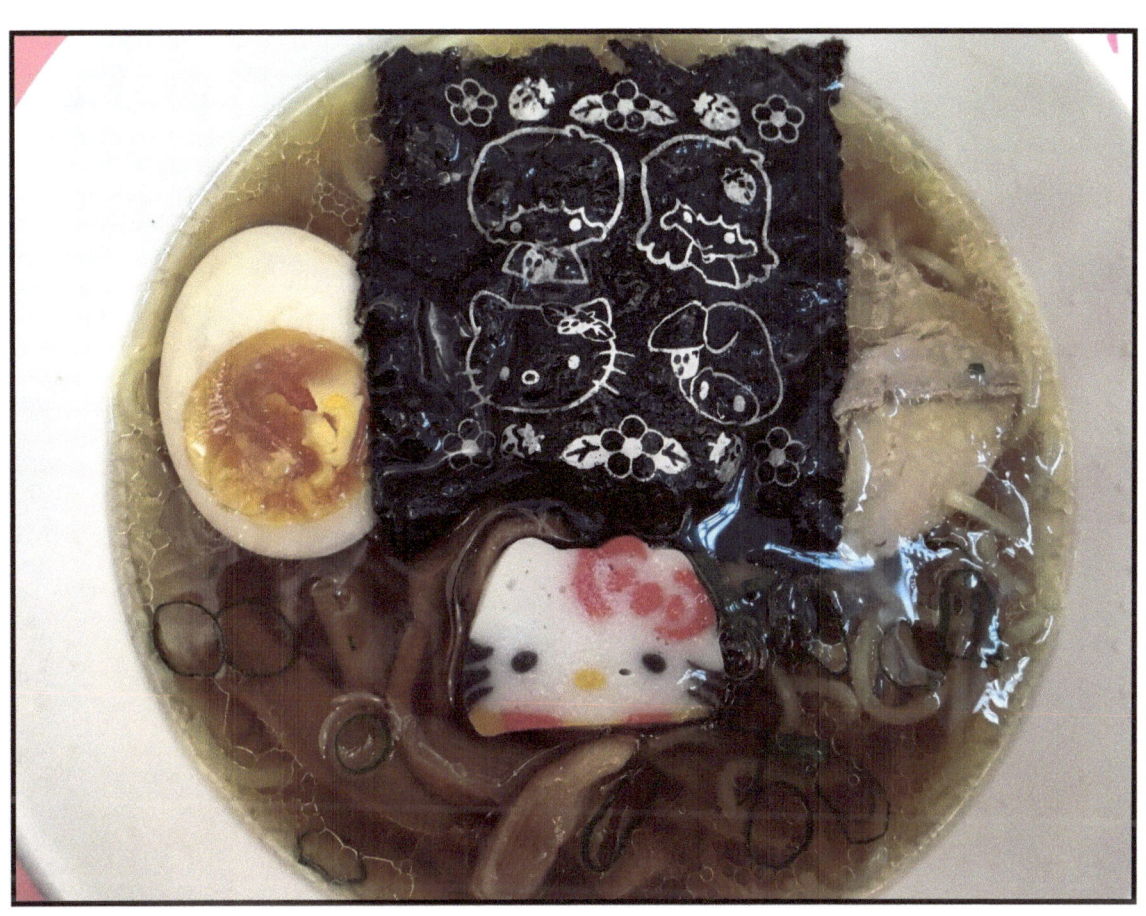

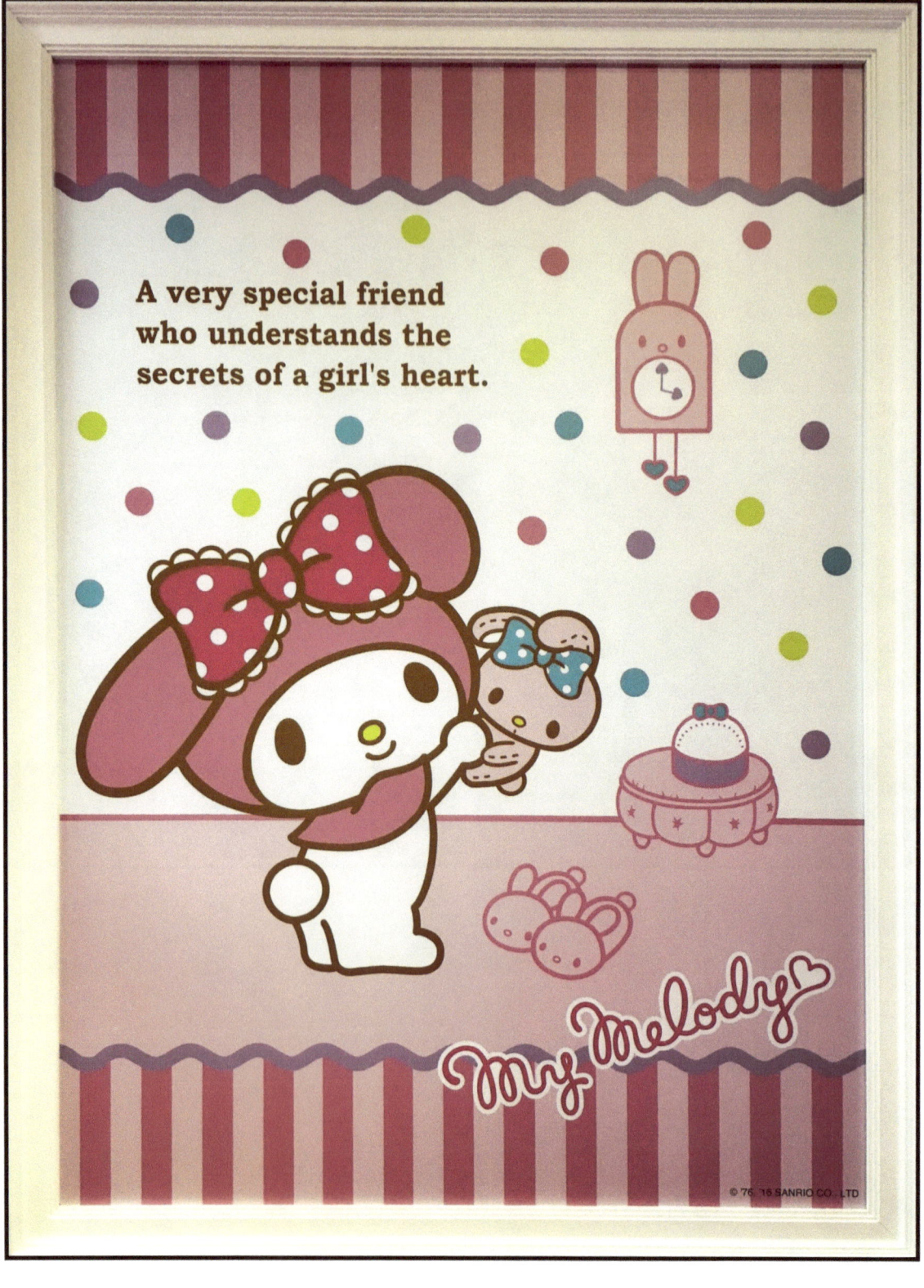

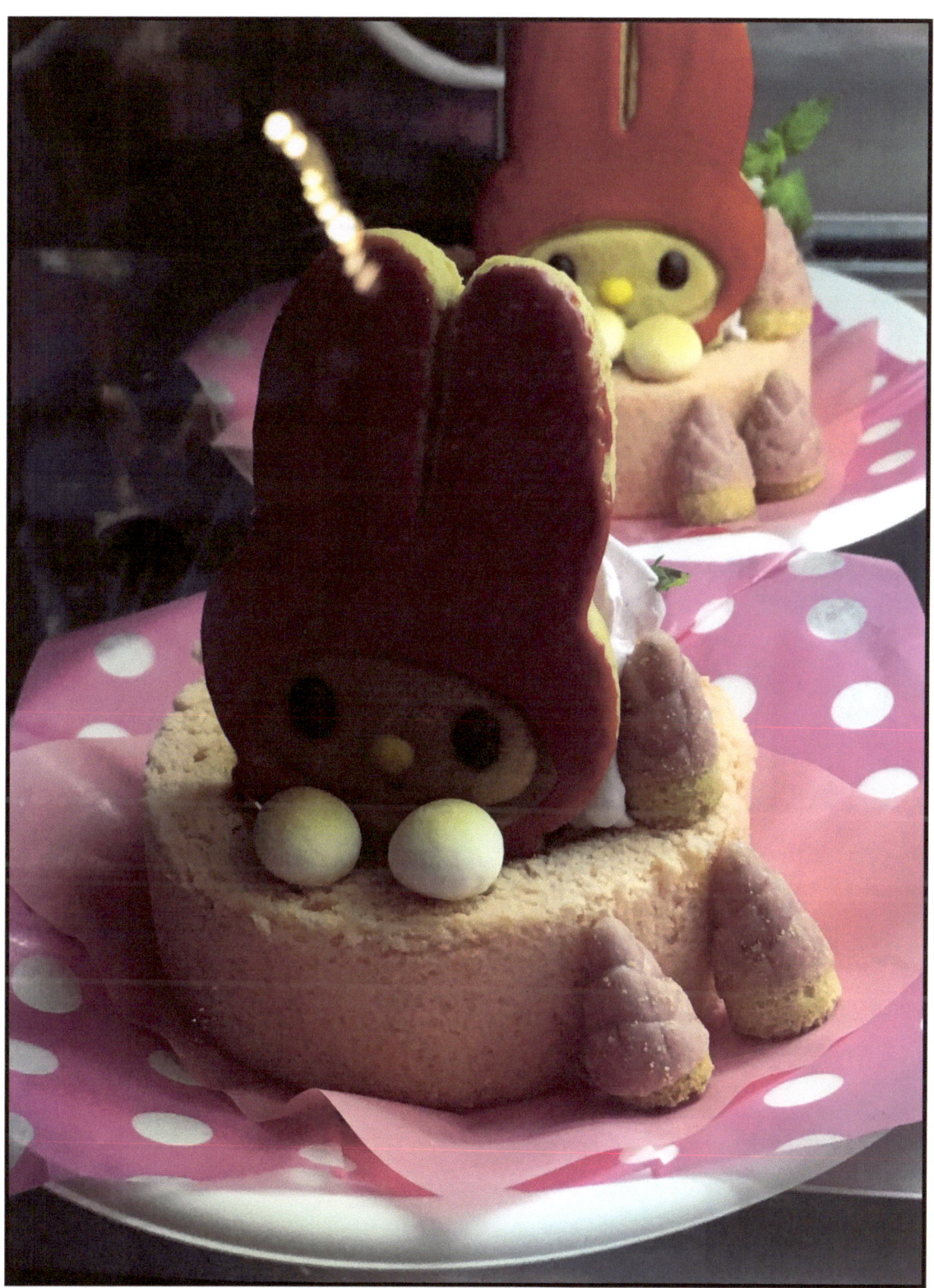

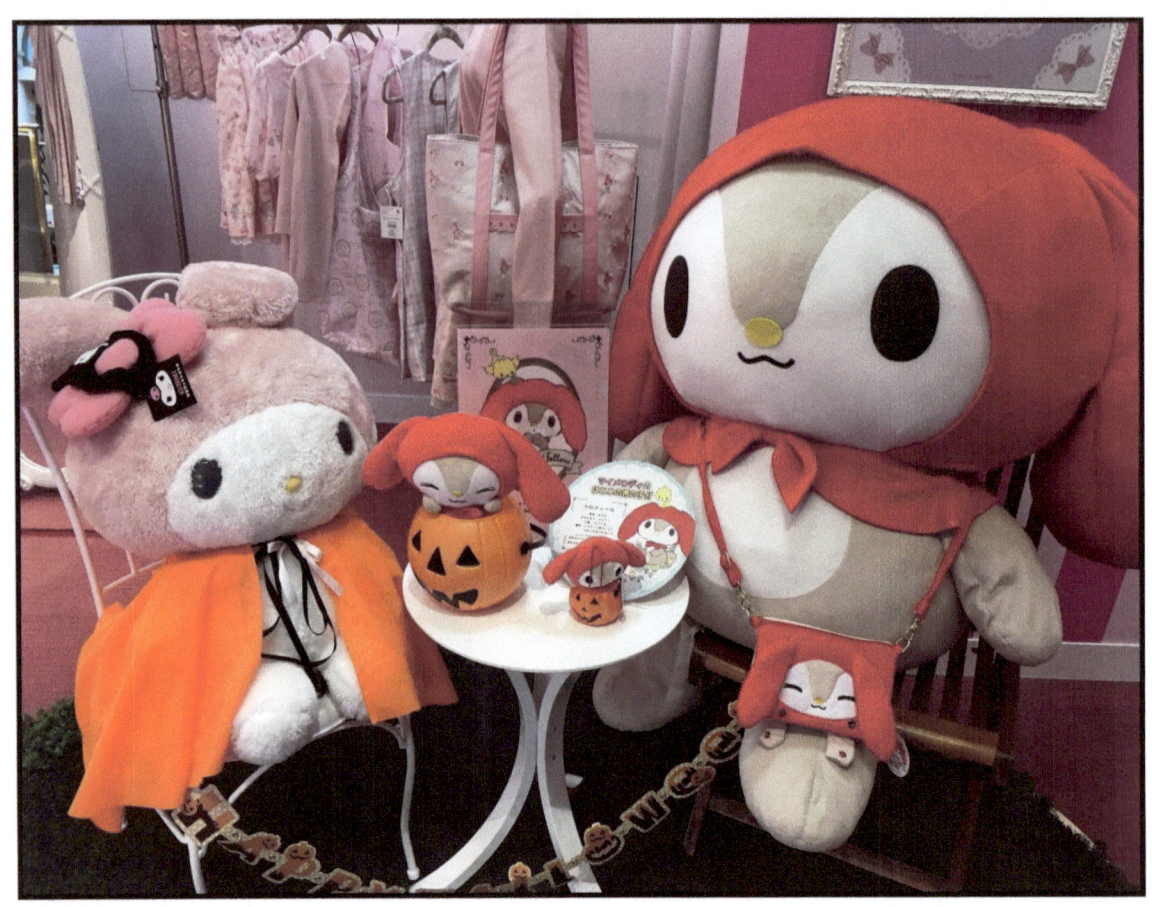

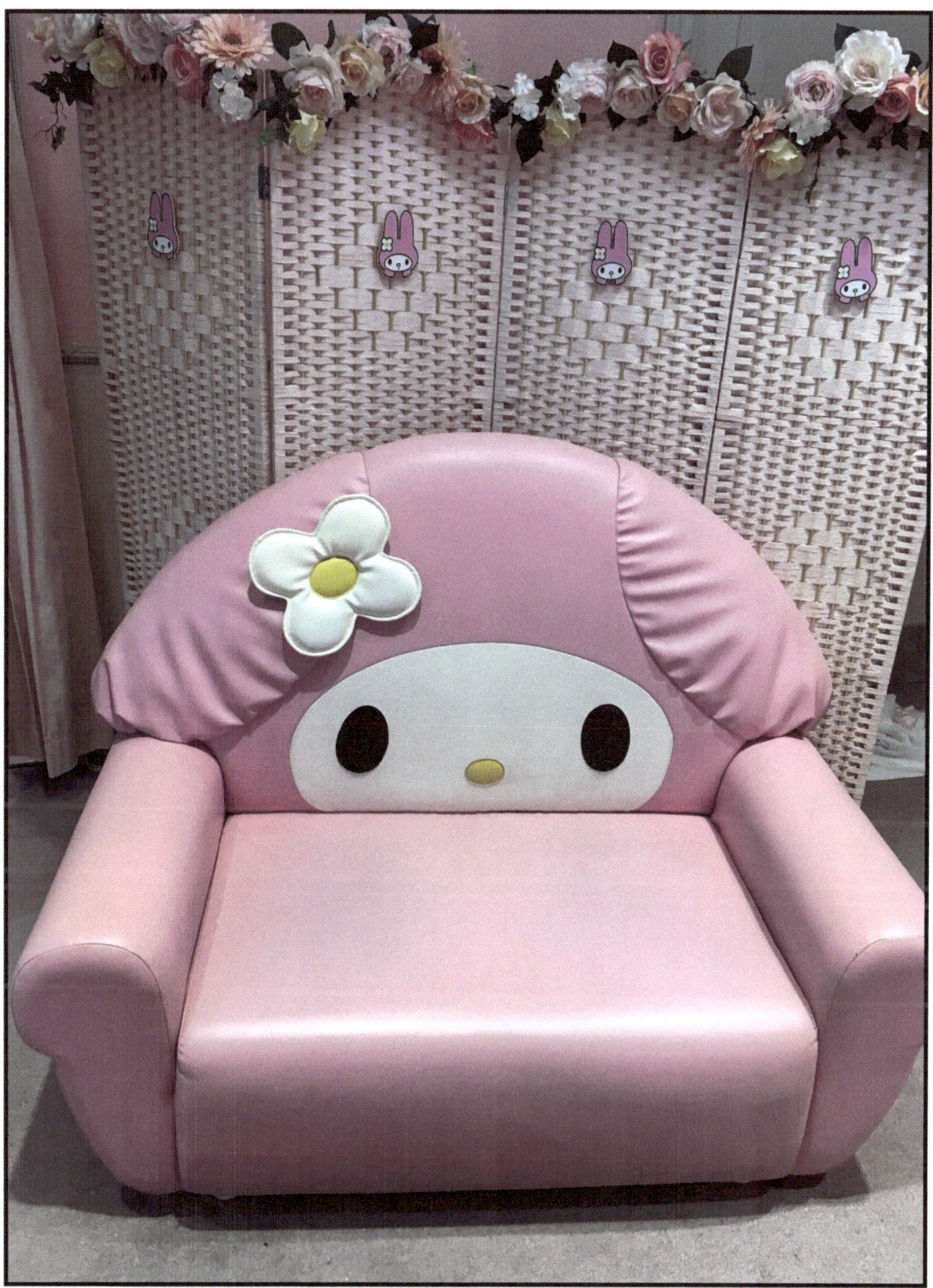

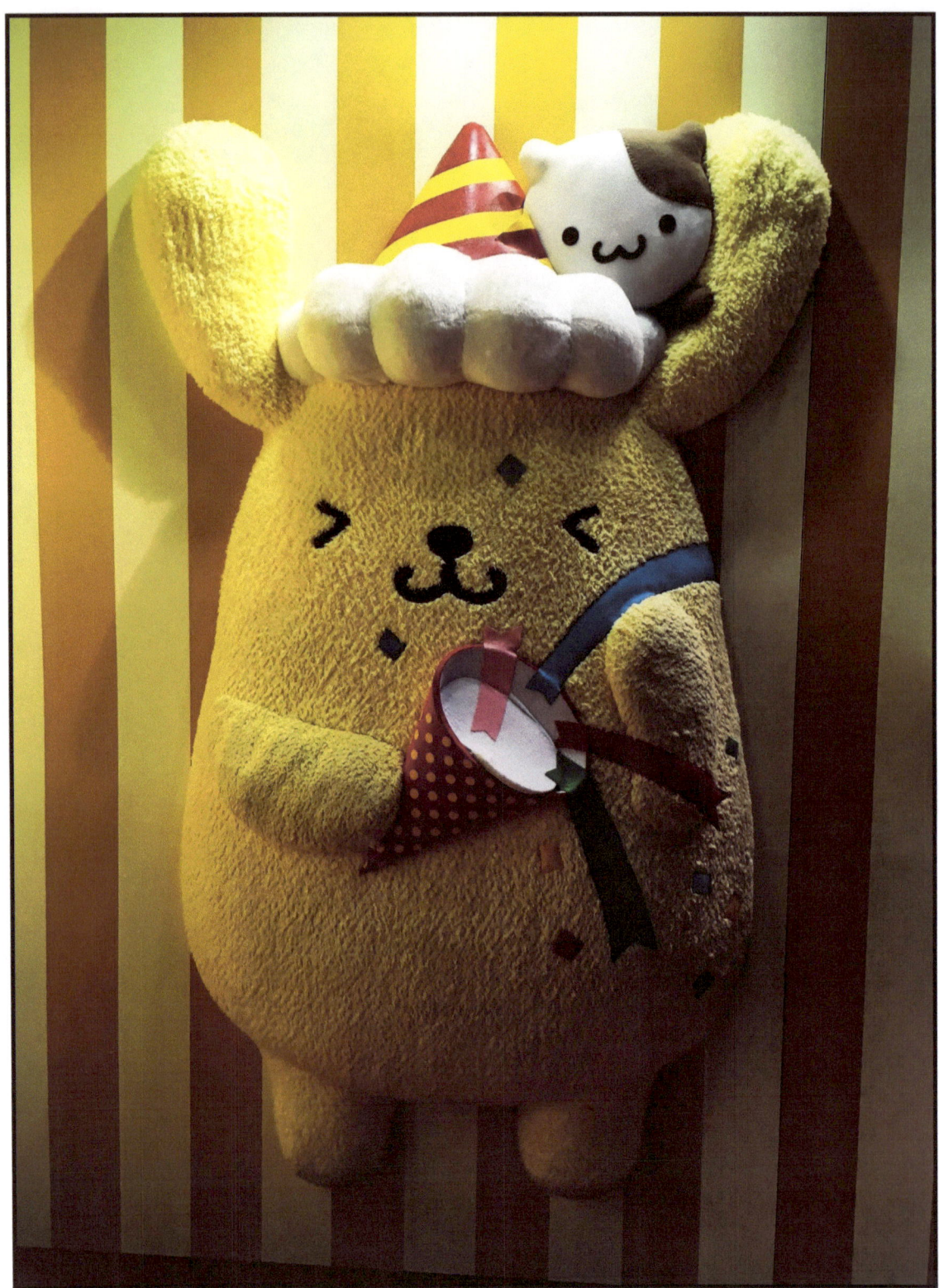

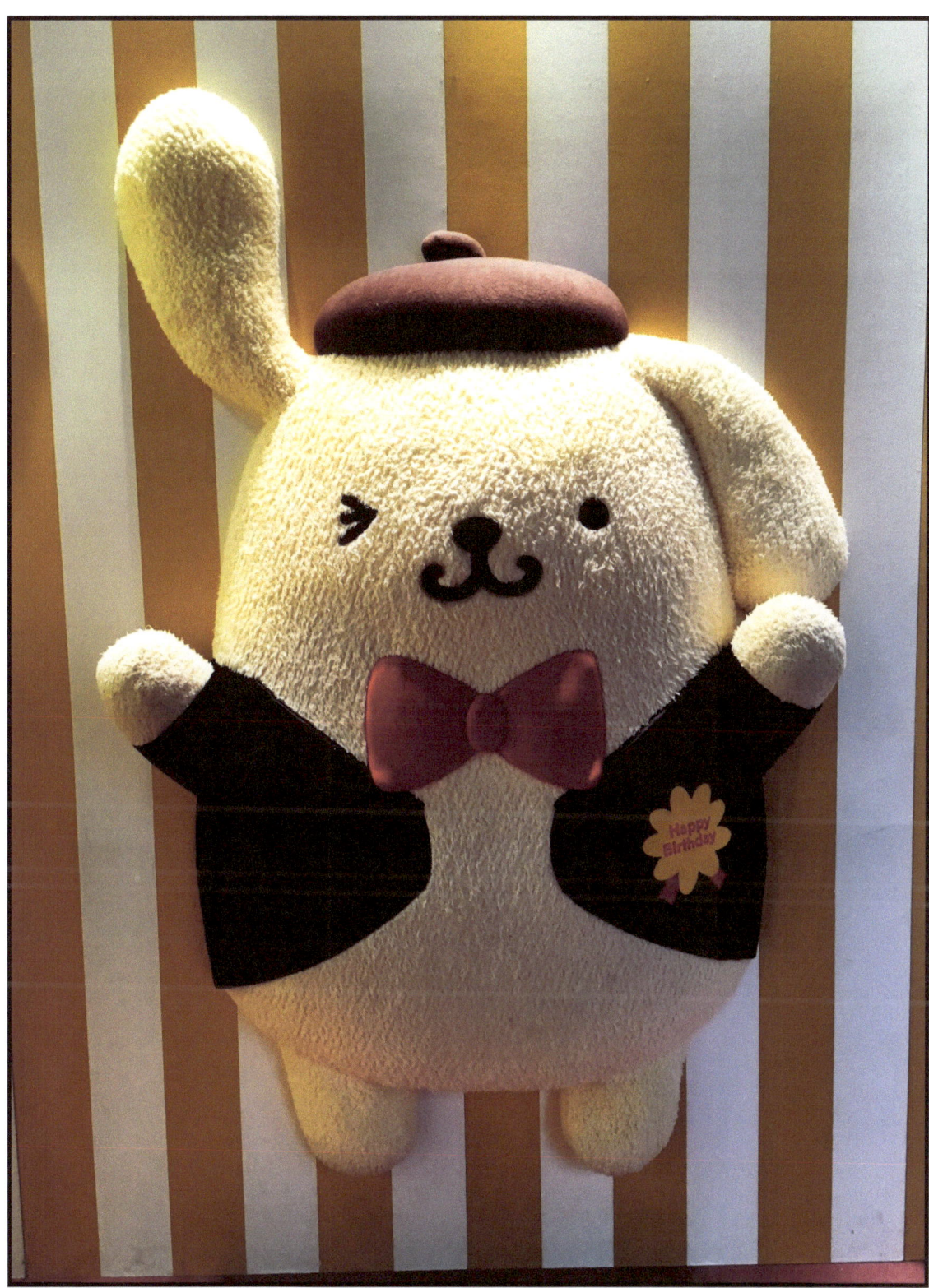

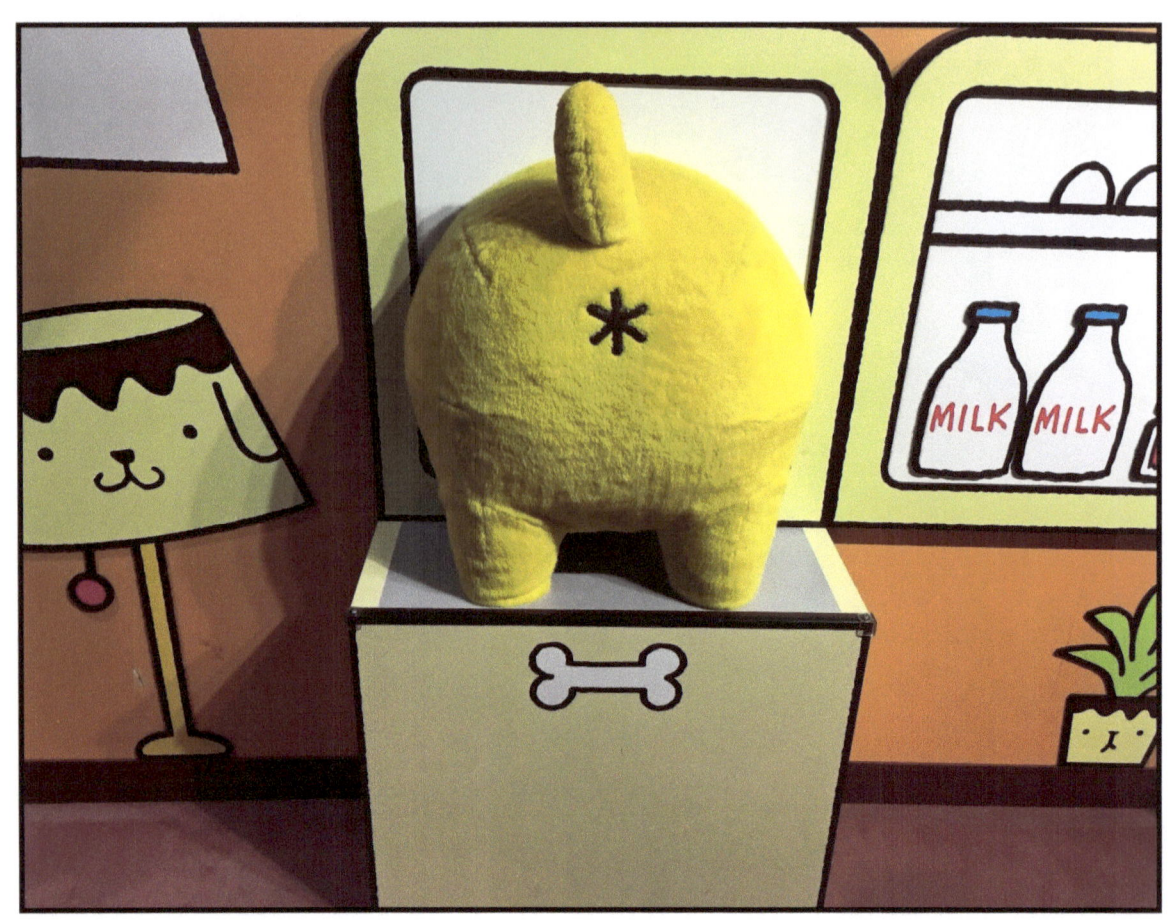

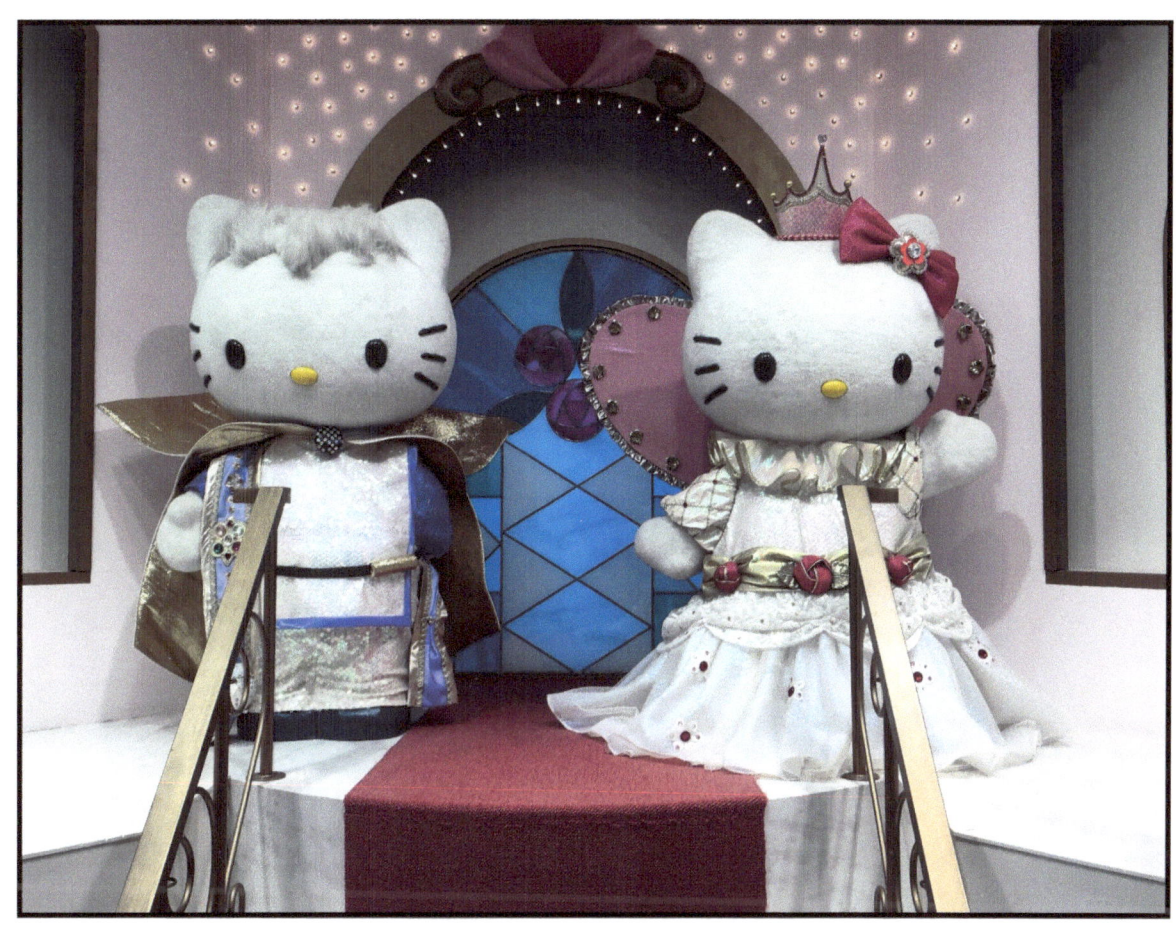

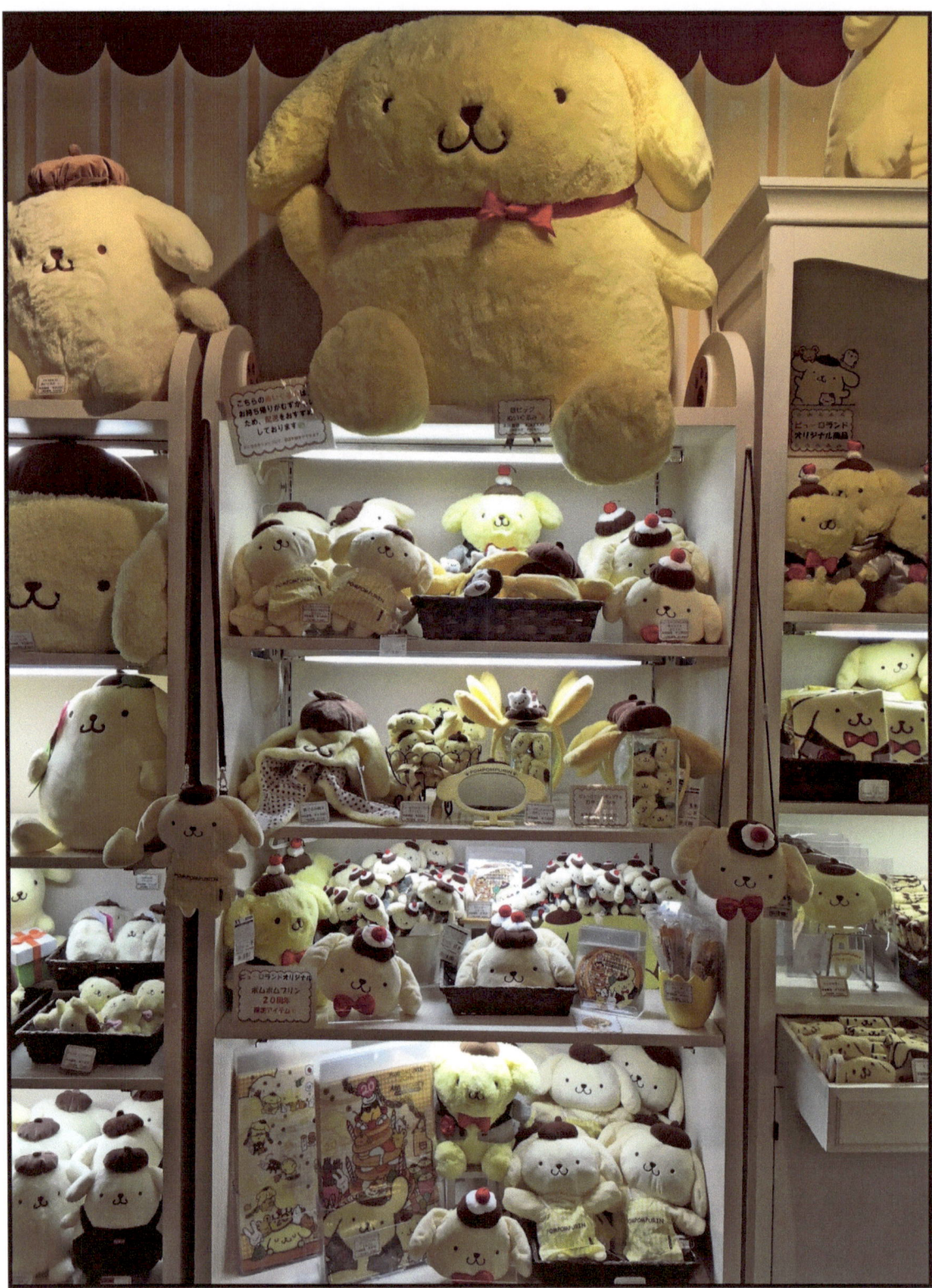

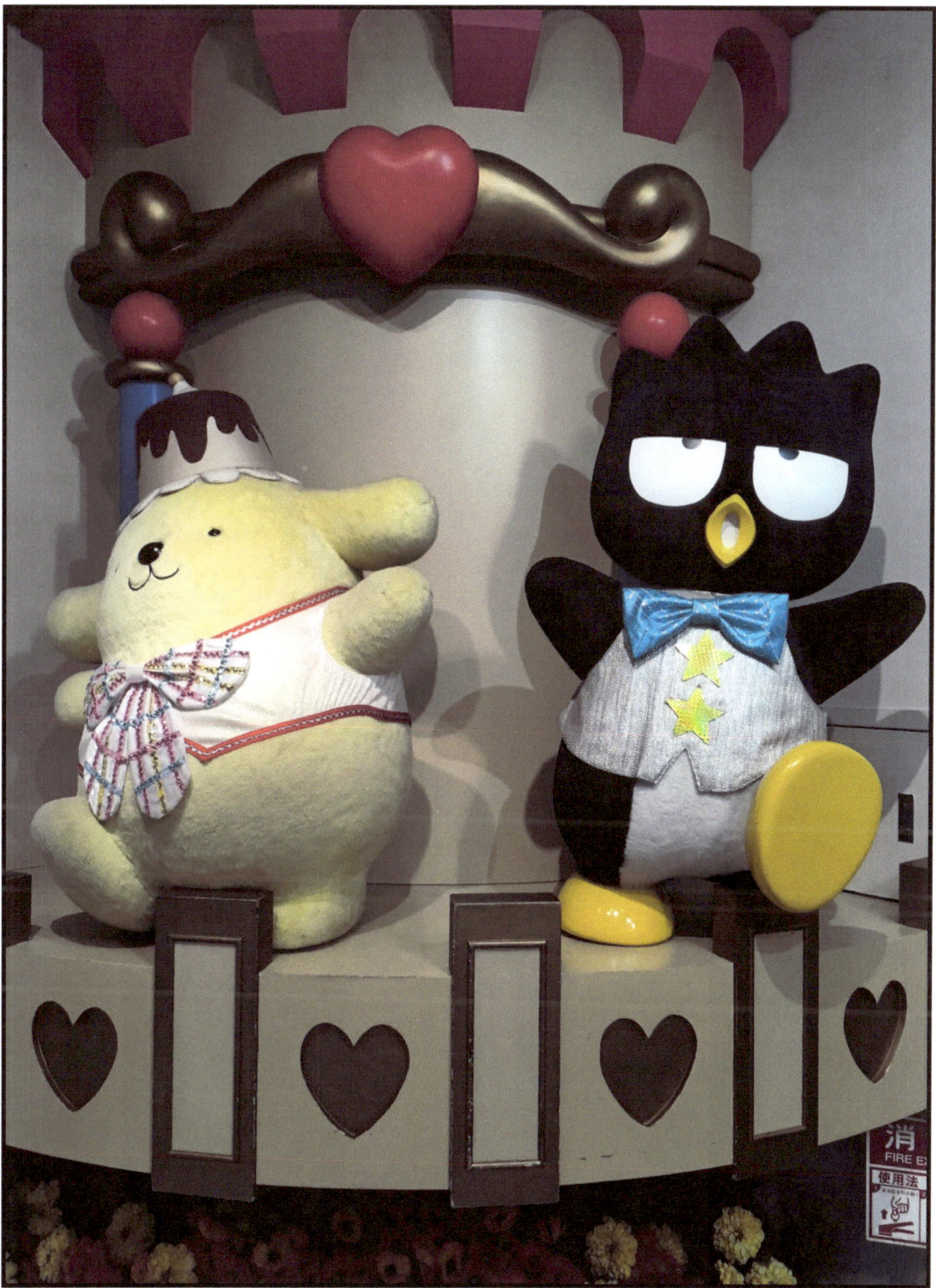

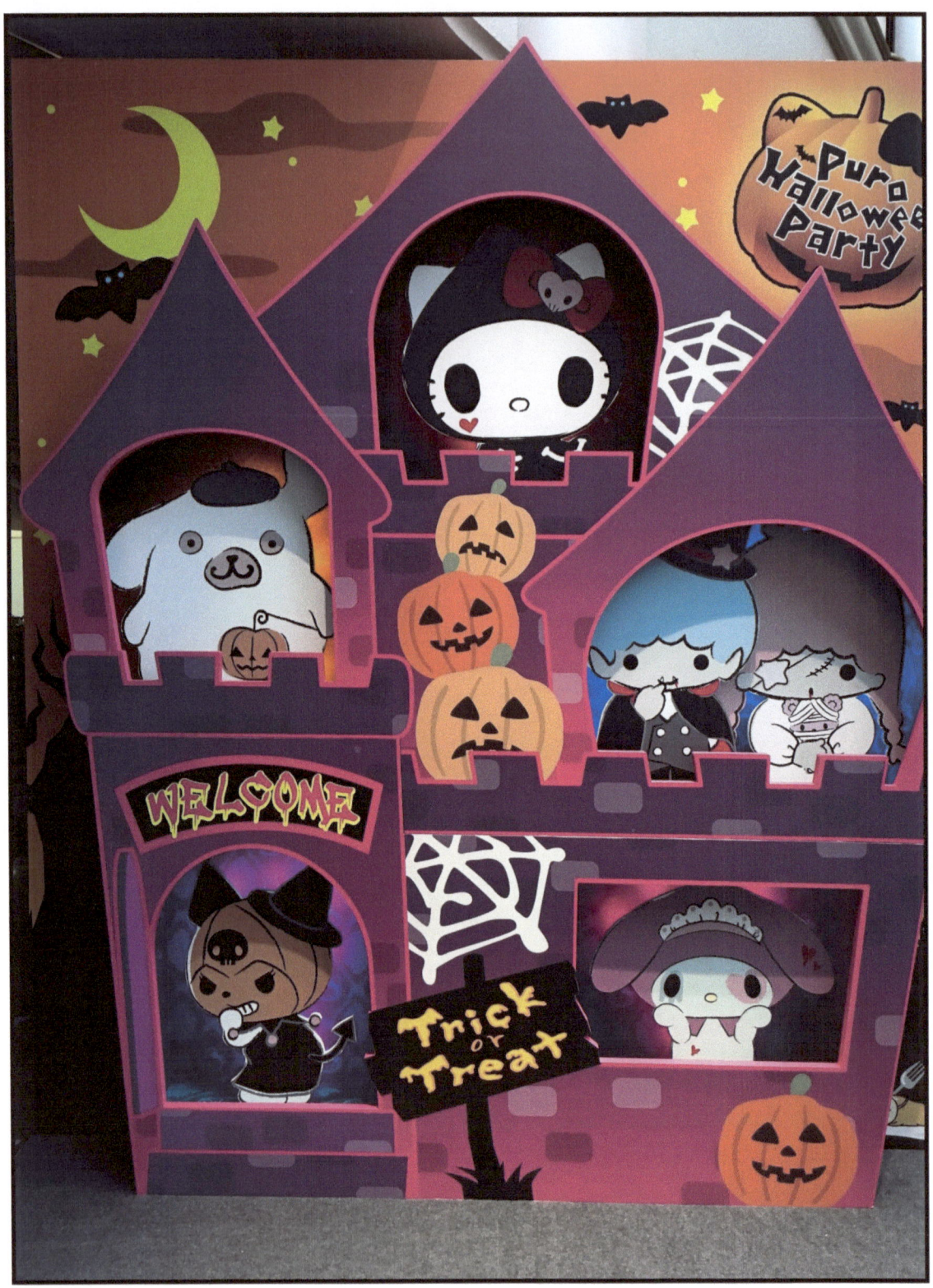

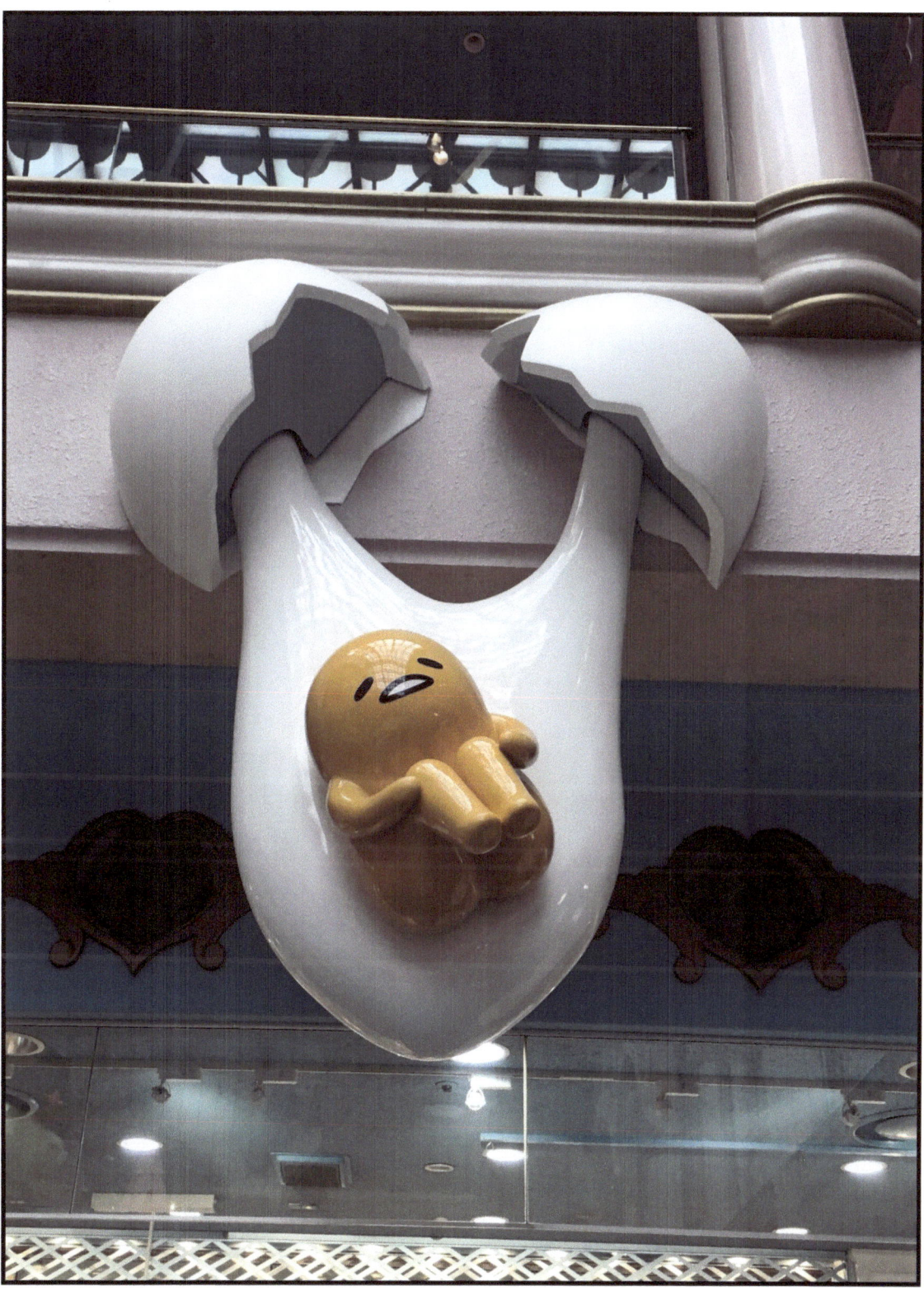

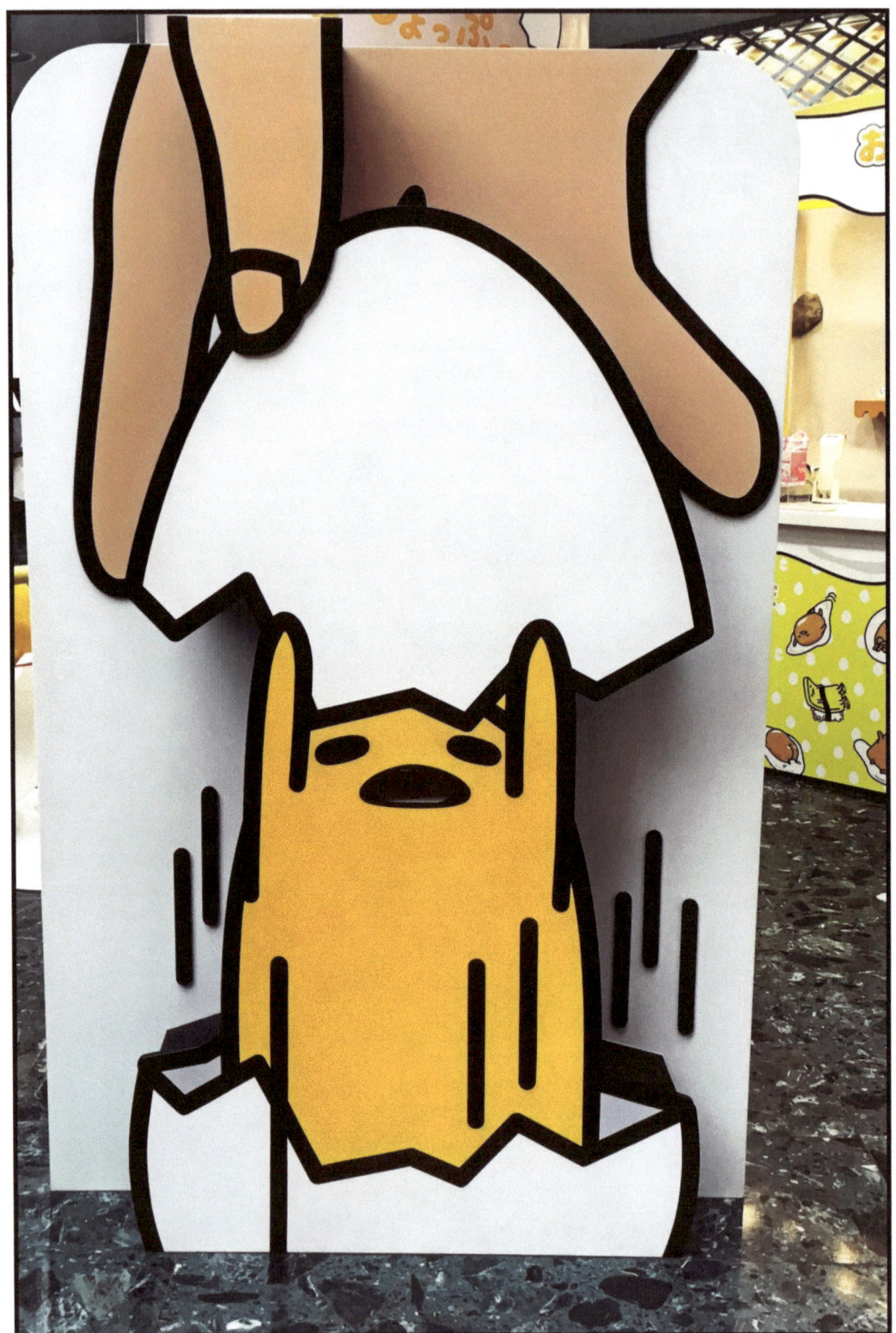

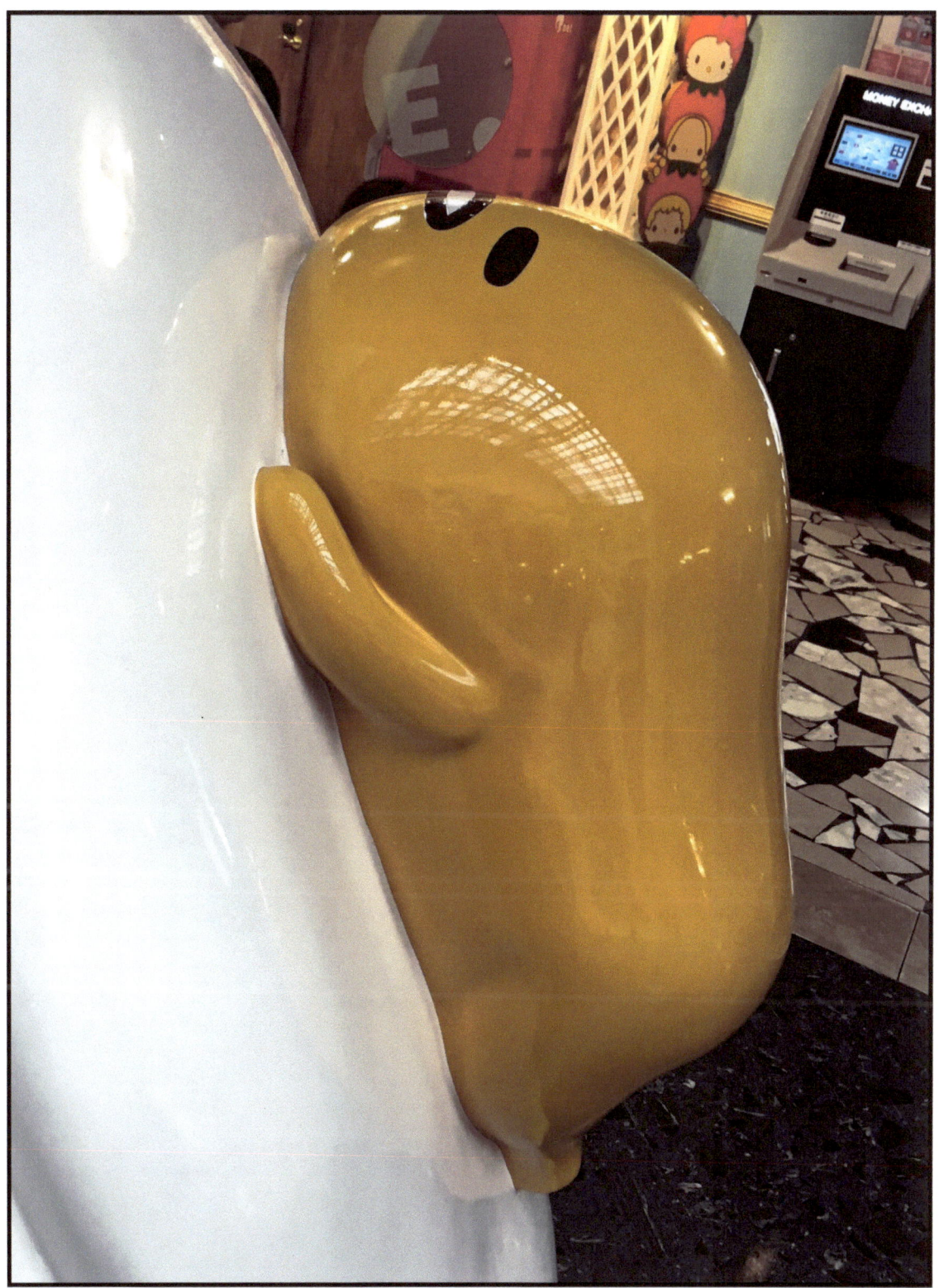

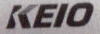

KEIO × Sanrio Puroland

みなさんこんにちは！京王多摩センター駅、
通称「サンリオピューロランドステーション」へようこそ！
ここではハローキティをはじめ、
たくさんのサンリオのお友だちが駅係員として働いています。
みんなのお仕事を少しだけ、紹介しますね！

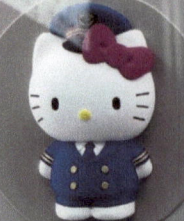

名誉駅長　ハローキティ

2016年3月、京王多摩センター駅の名誉駅長に就任しました！
キティの主なお仕事は、サンリオピューロランドに訪れるファンの皆さんをお出迎えし、お見送りすること。そして駅を利用されるお客様の毎日を見守ることです。
駅のさまざまなところにキティがいるから、是非見つけてね！

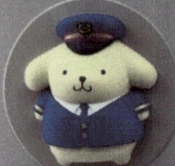

グループリーダー　ポムポムプリン

駅係員のみんなをのんびりとまとめてくれる頼れるリーダーです。

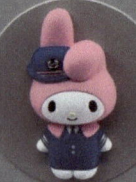

お客様相談係　マイメロディ

やさしくて思いやりのあるメロディがお客様の声に耳を傾けます。

忘れ物担当　シナモロール

構内をふわふわ飛びながらお客様の忘れ物を見つけて大事に管理するのがお仕事です。

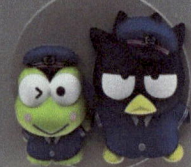

ホームの見回り担当　リトルツインスターズ

安全を守るのがふたりのお仕事。上りと下りホームをキキとララが協力しながら見回りします。

お掃除チェック担当　けろけろけろっぴ＆バッドばつ丸

お掃除がしっかりとされているかけろっぴが元気にチェック、ばつ丸も目を光らせて、ダブルチェックです！

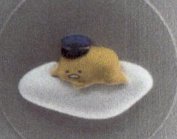

休憩室管理人　ぐでたま

休憩室を片時も離れず、毎日全力で休憩しています。

©'76,'96,'93,'96,'01,'08,'13,'16 SANRIO CO.,LTD.

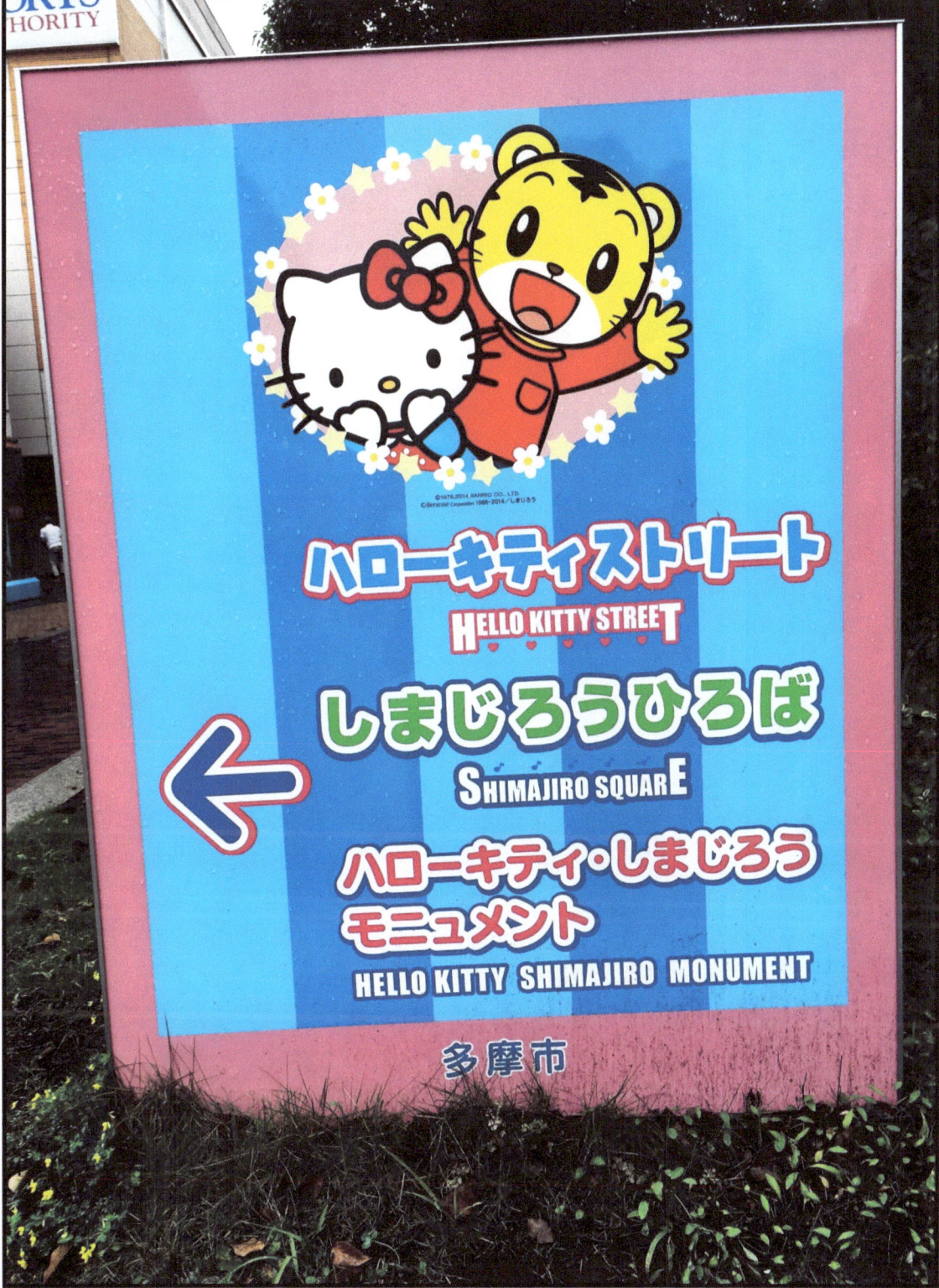

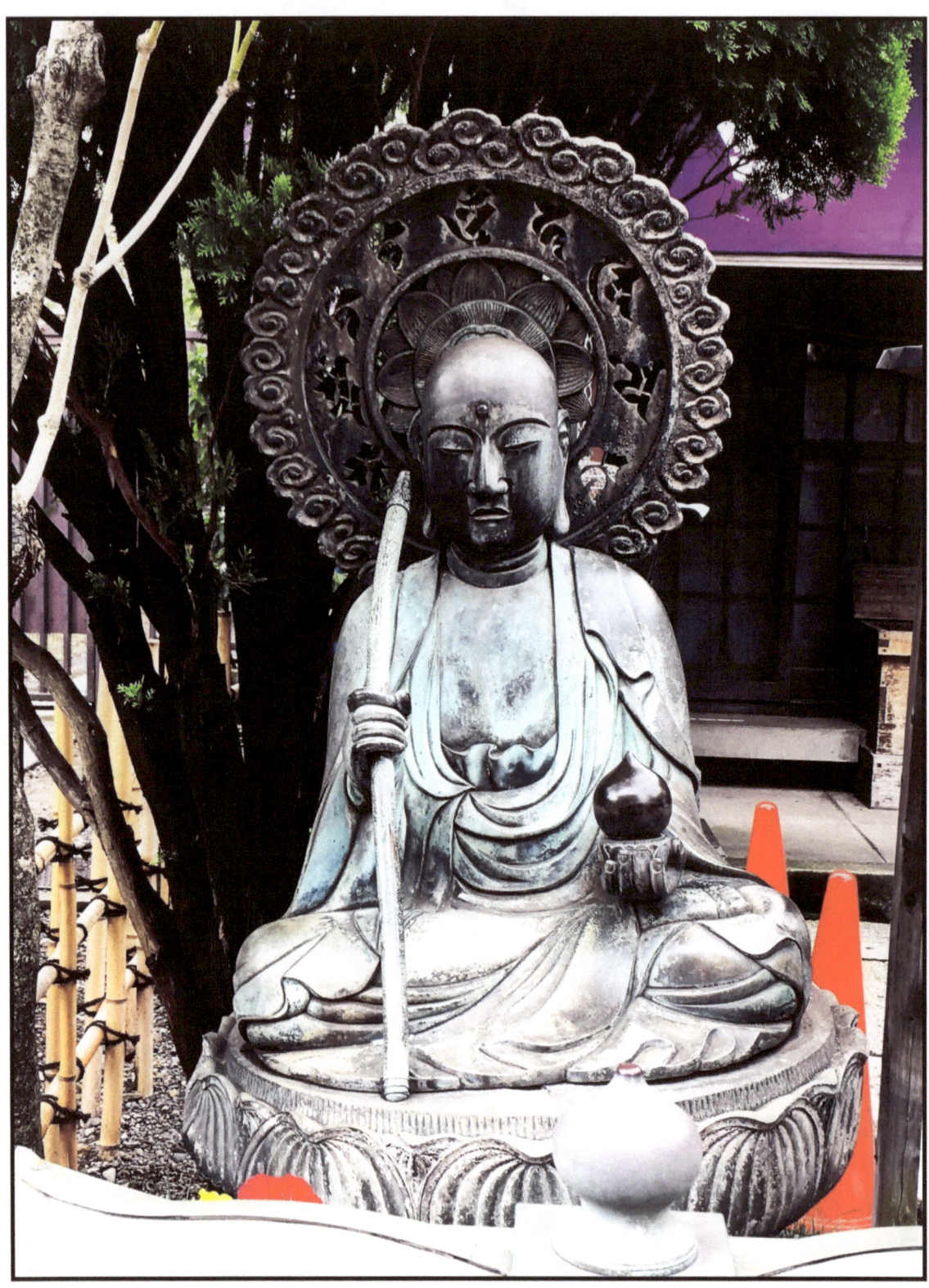

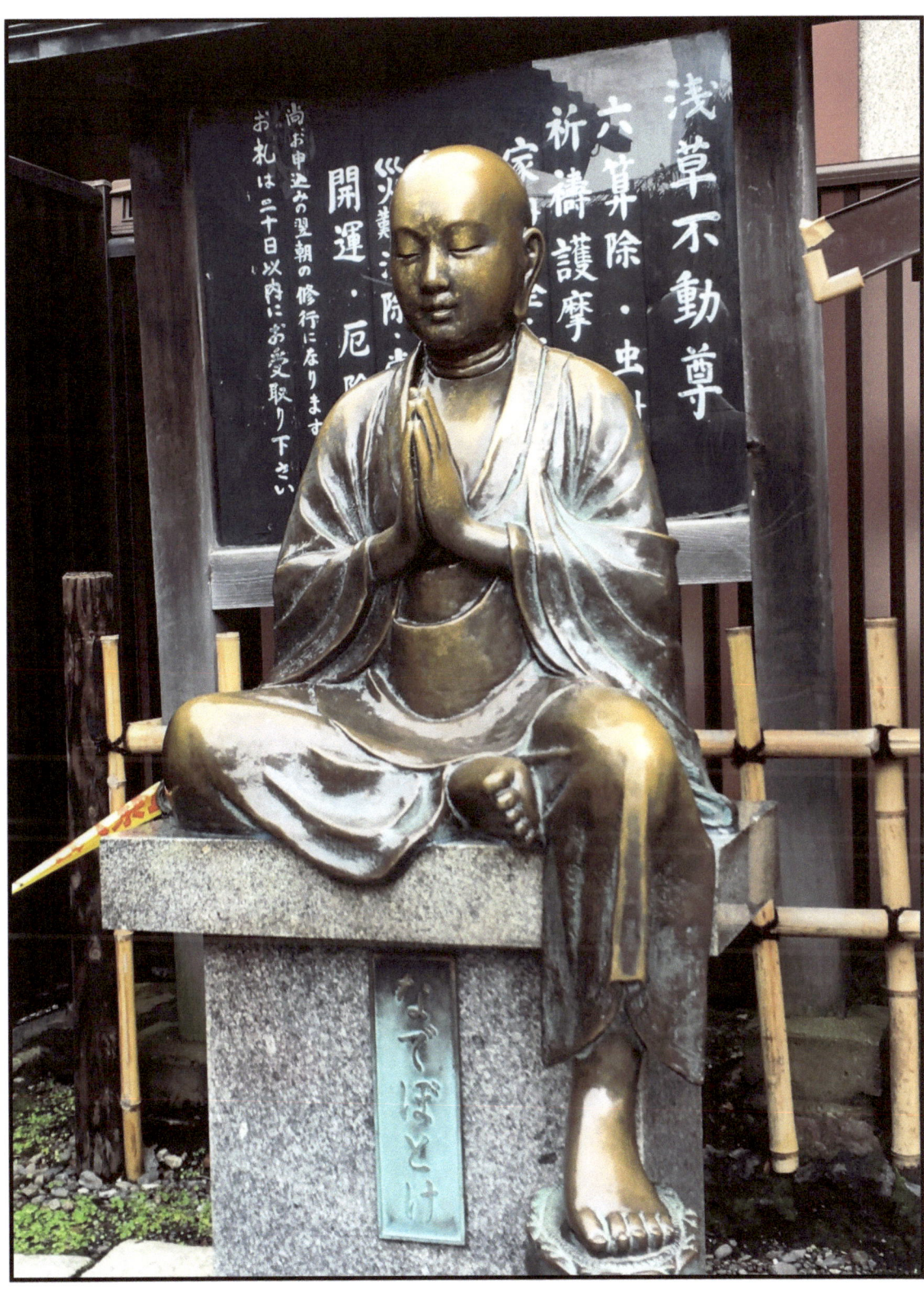

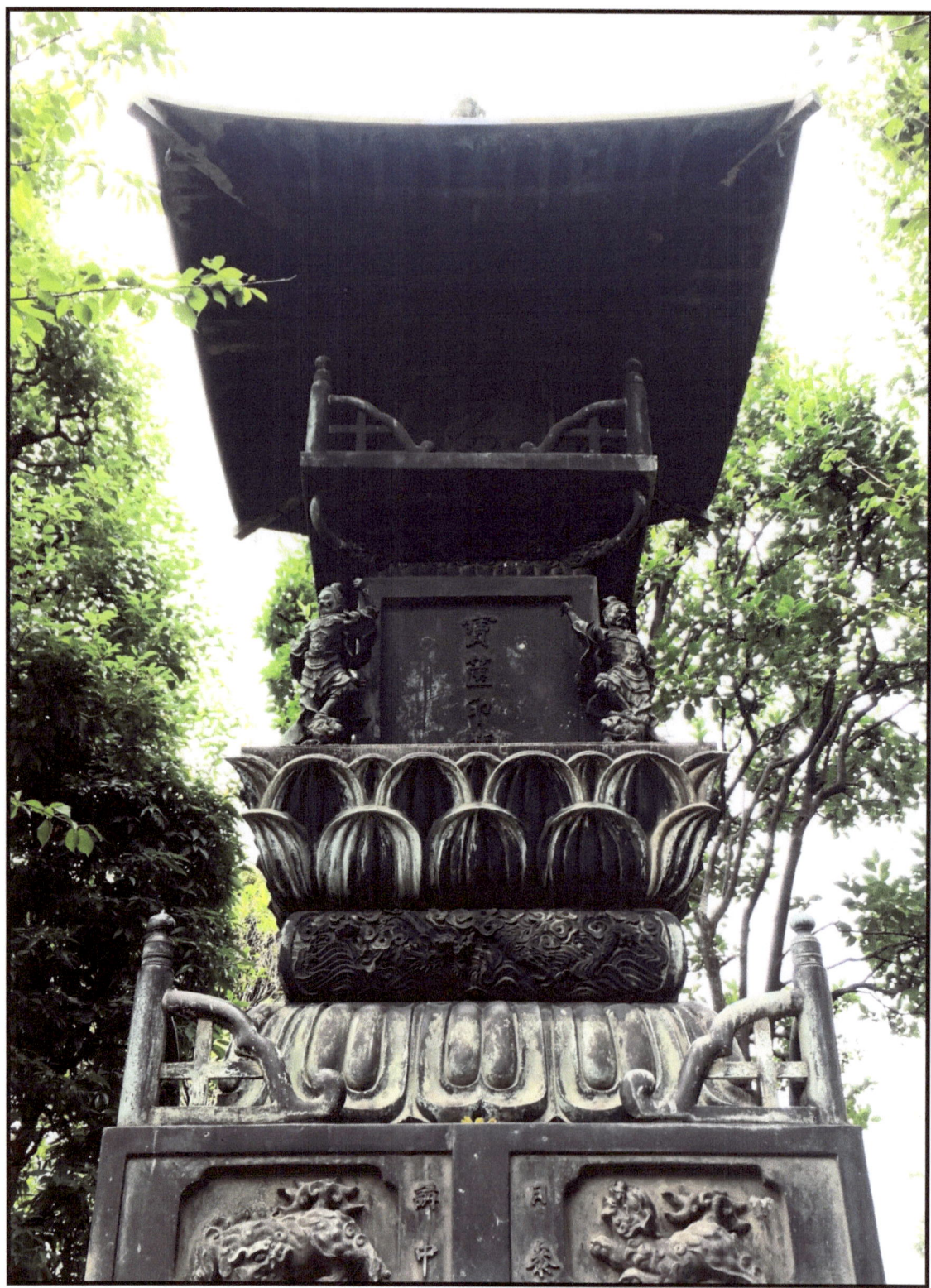

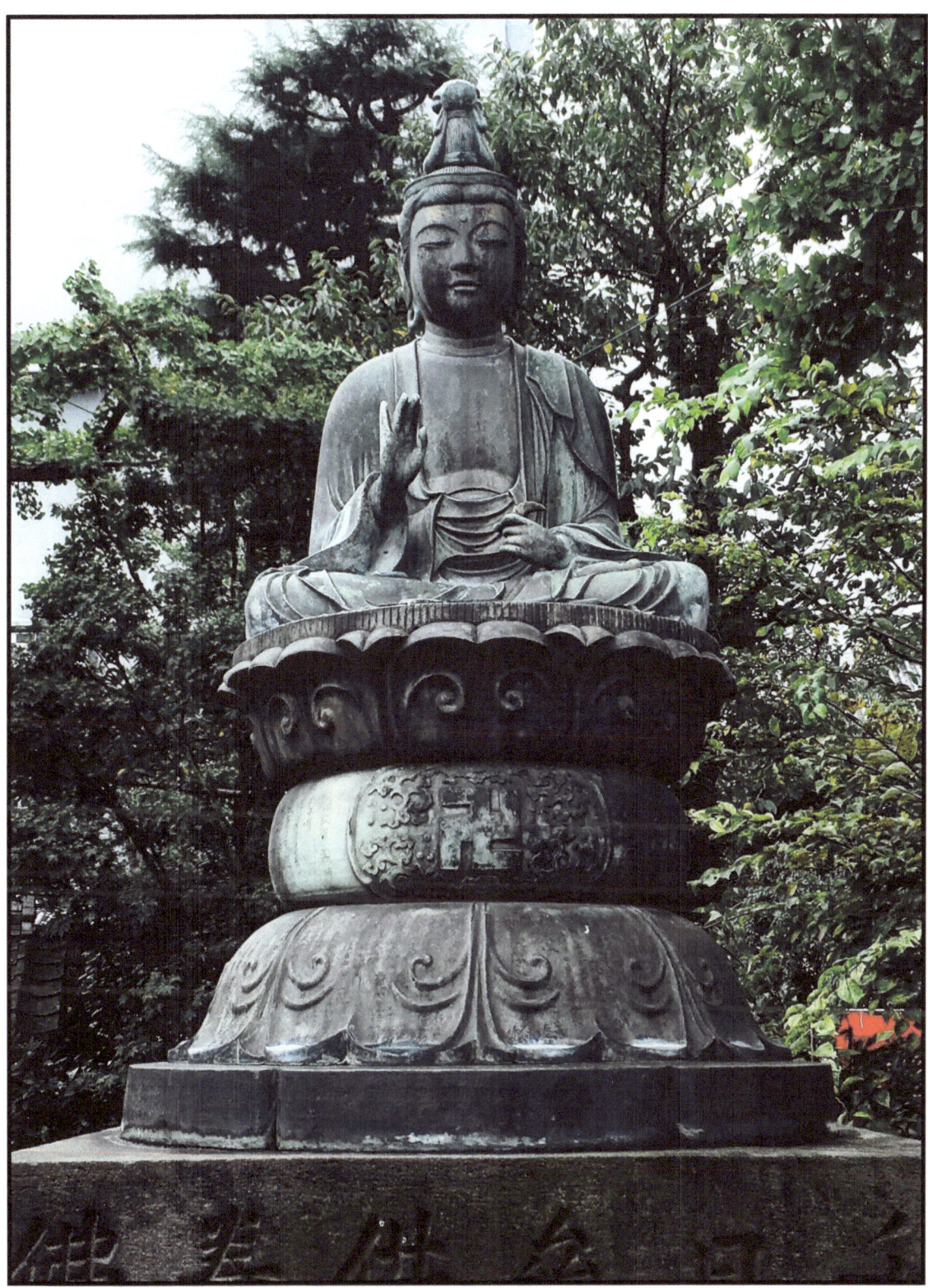

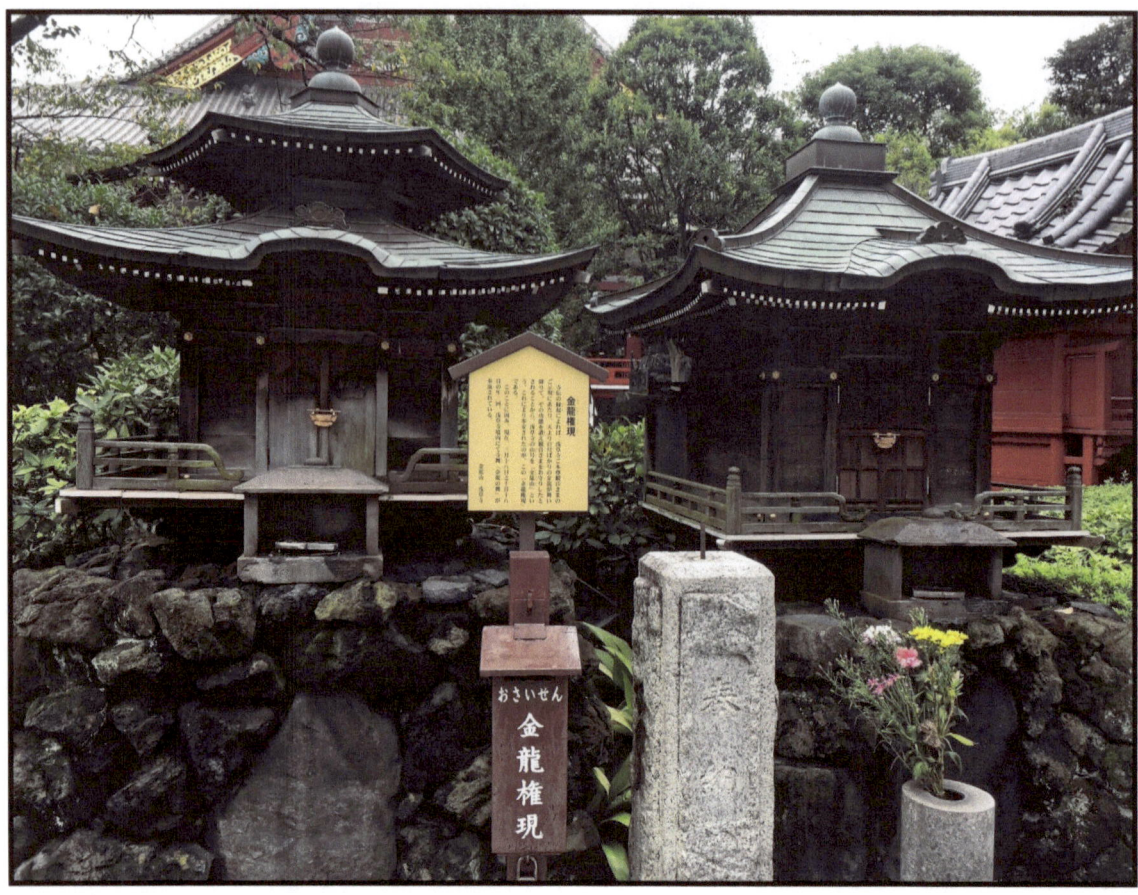

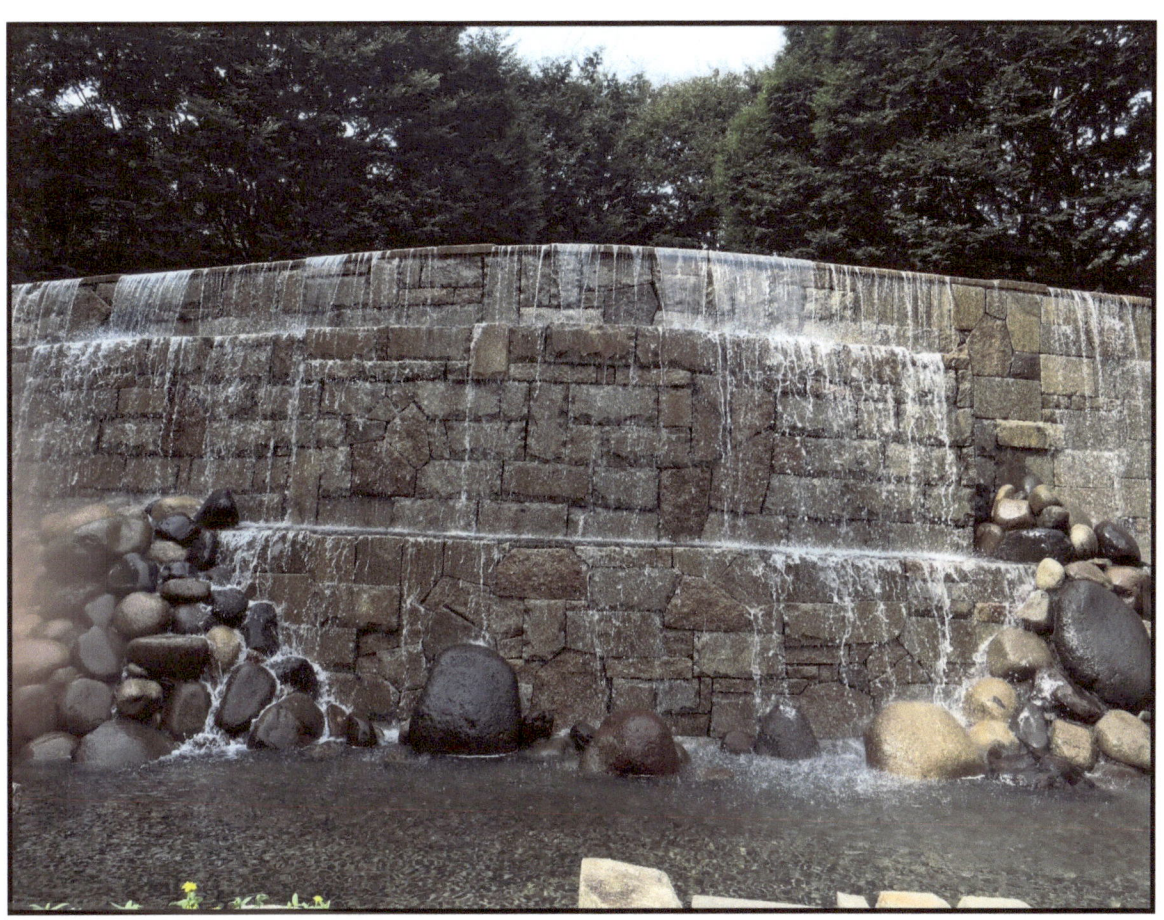

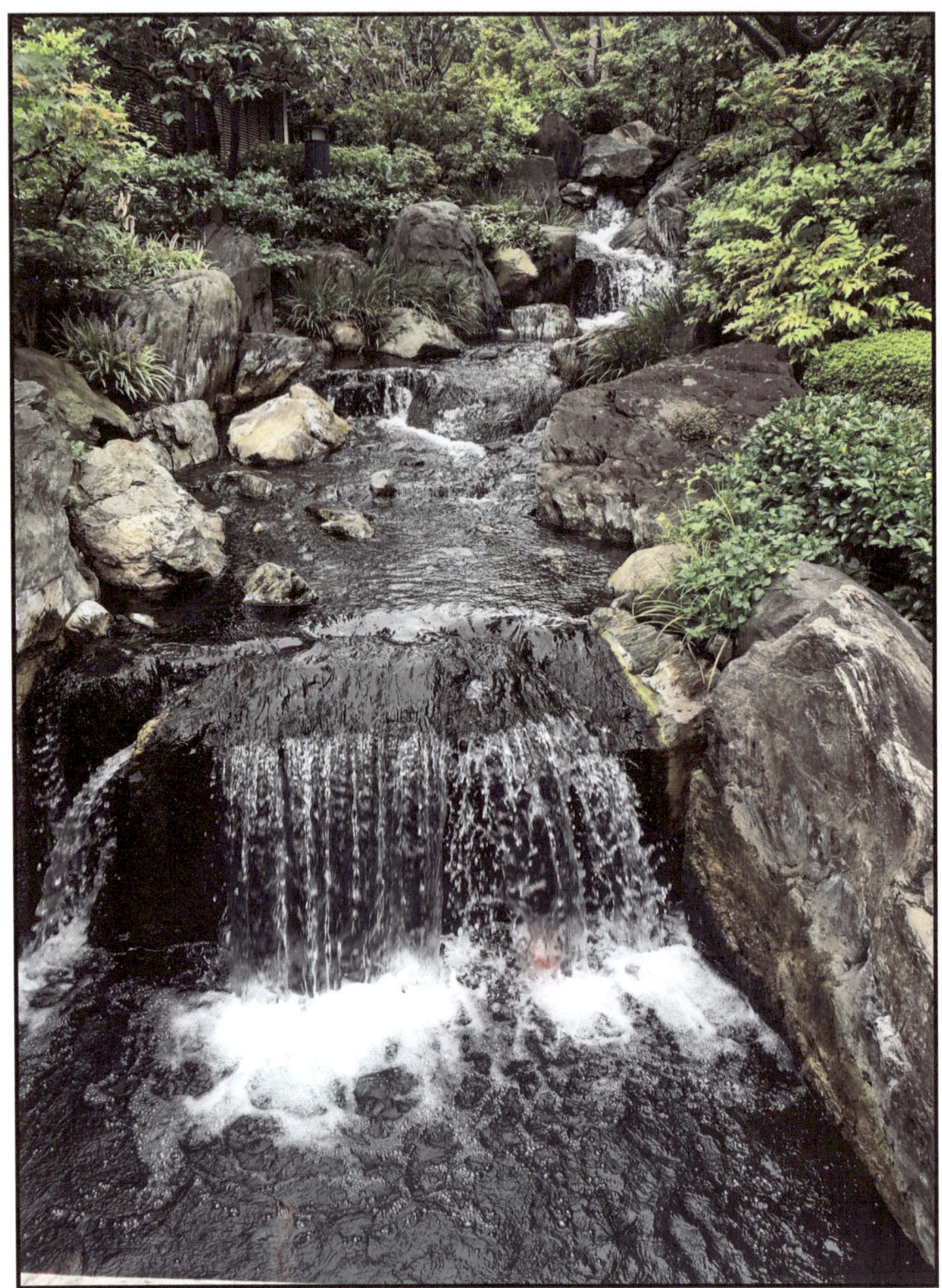

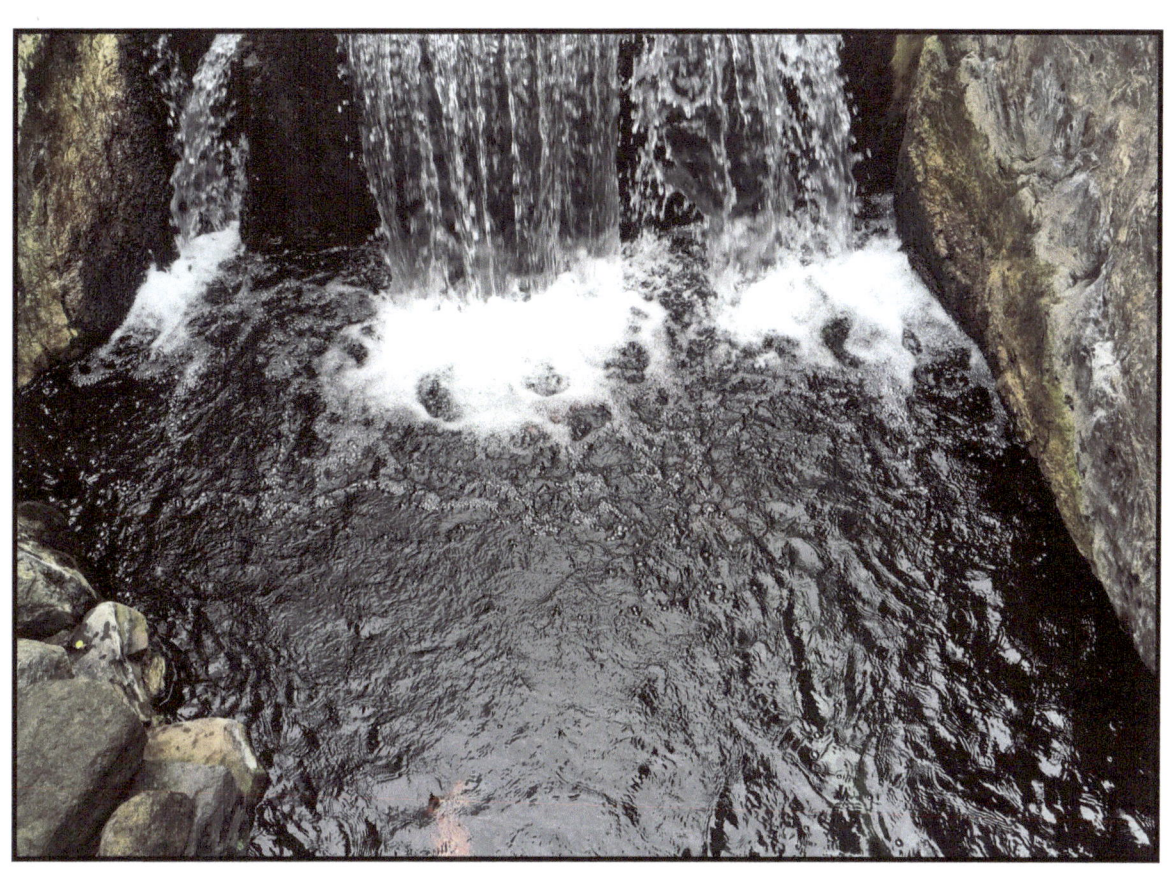

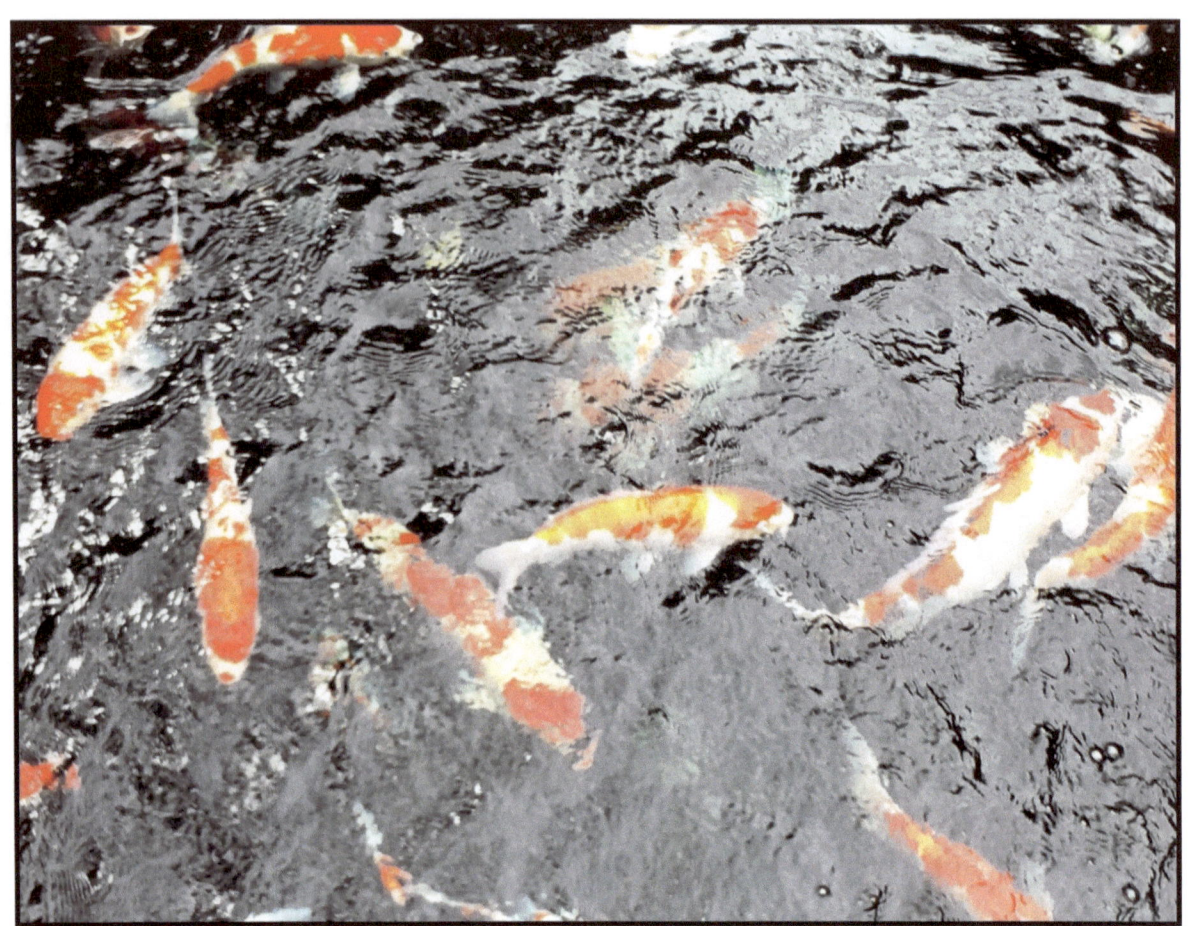

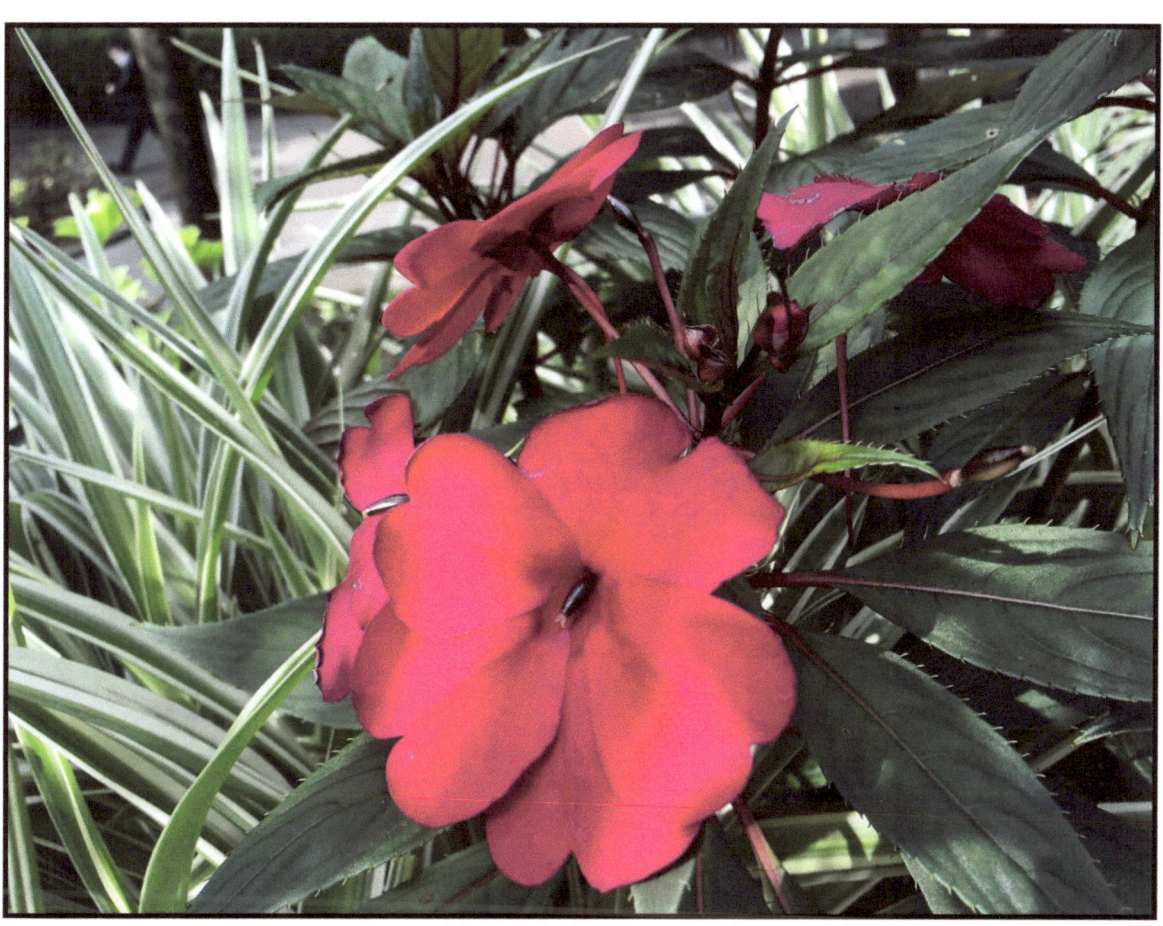

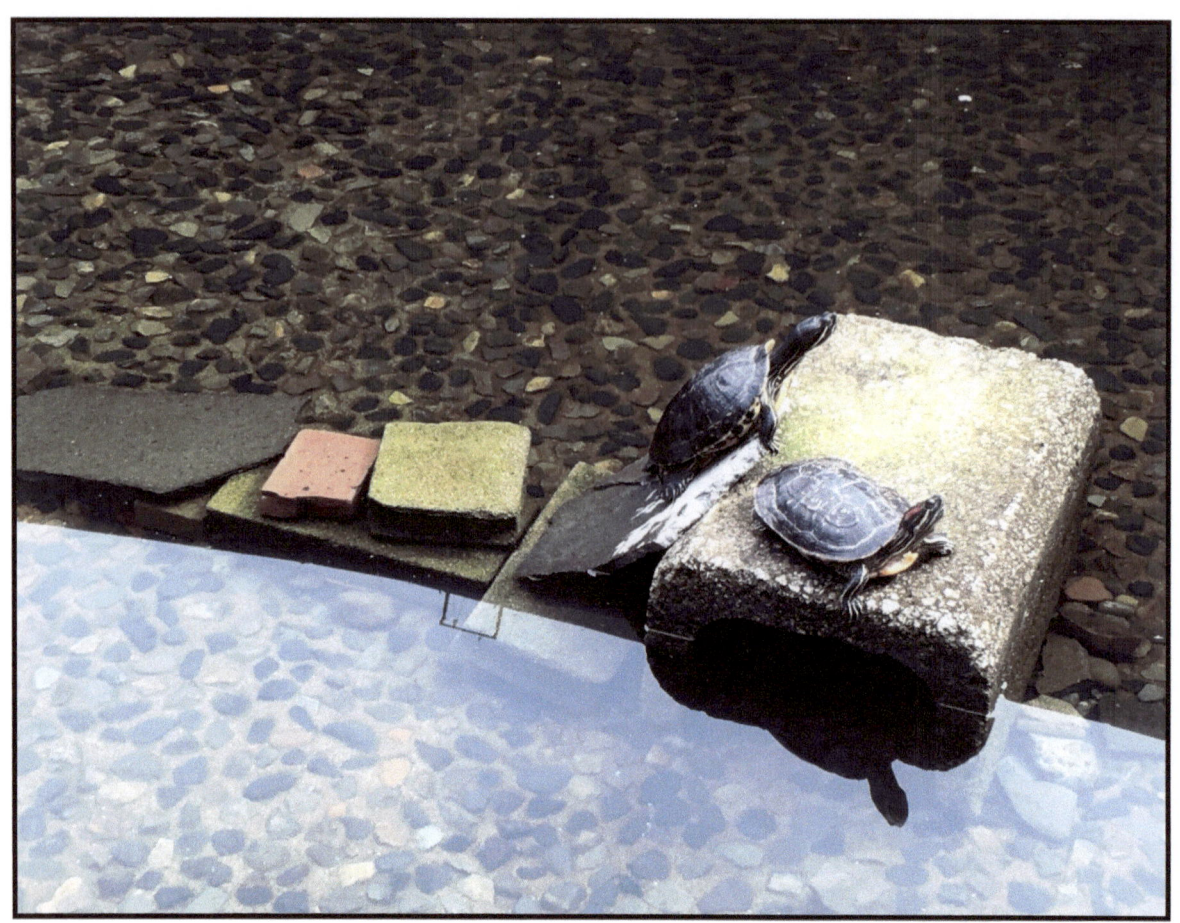

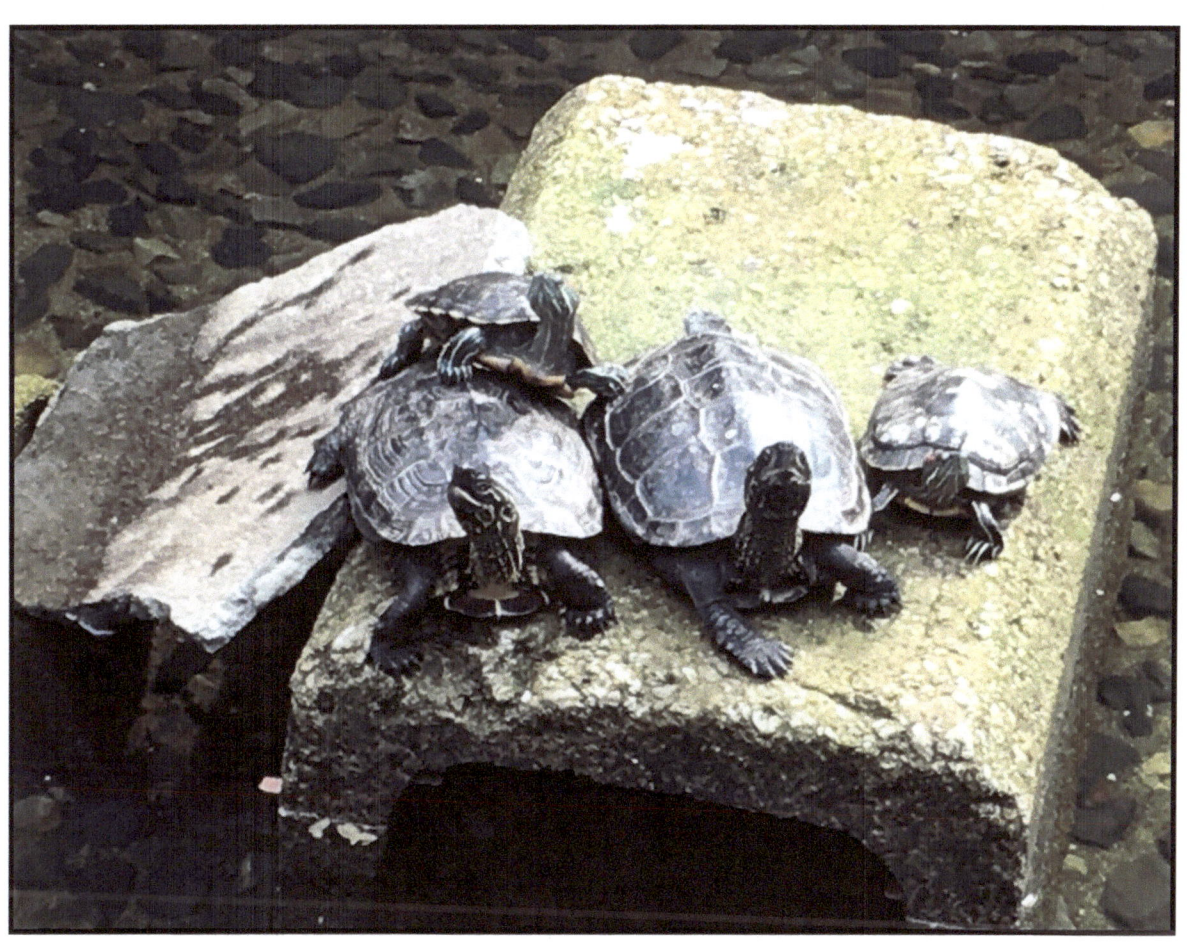

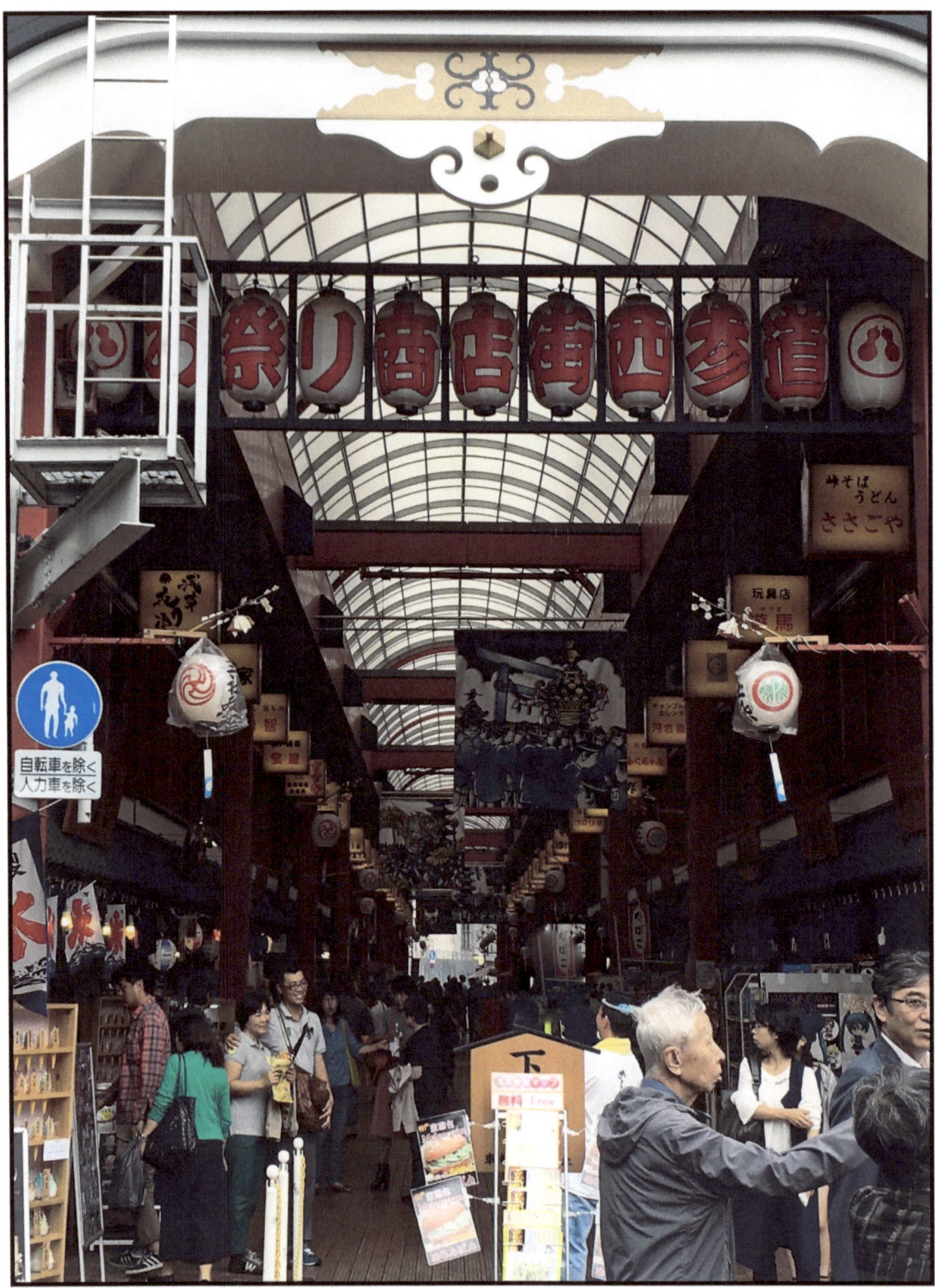

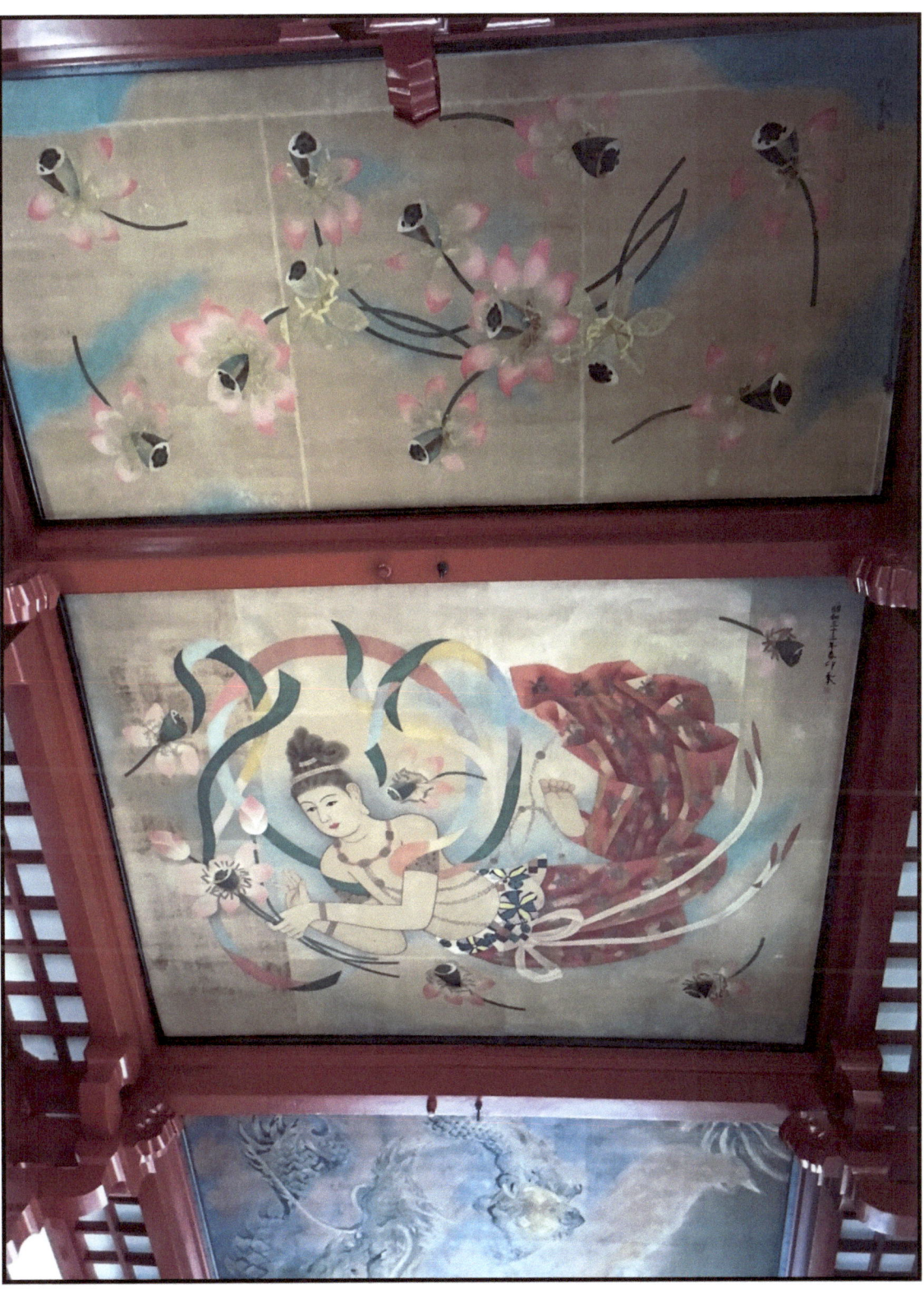

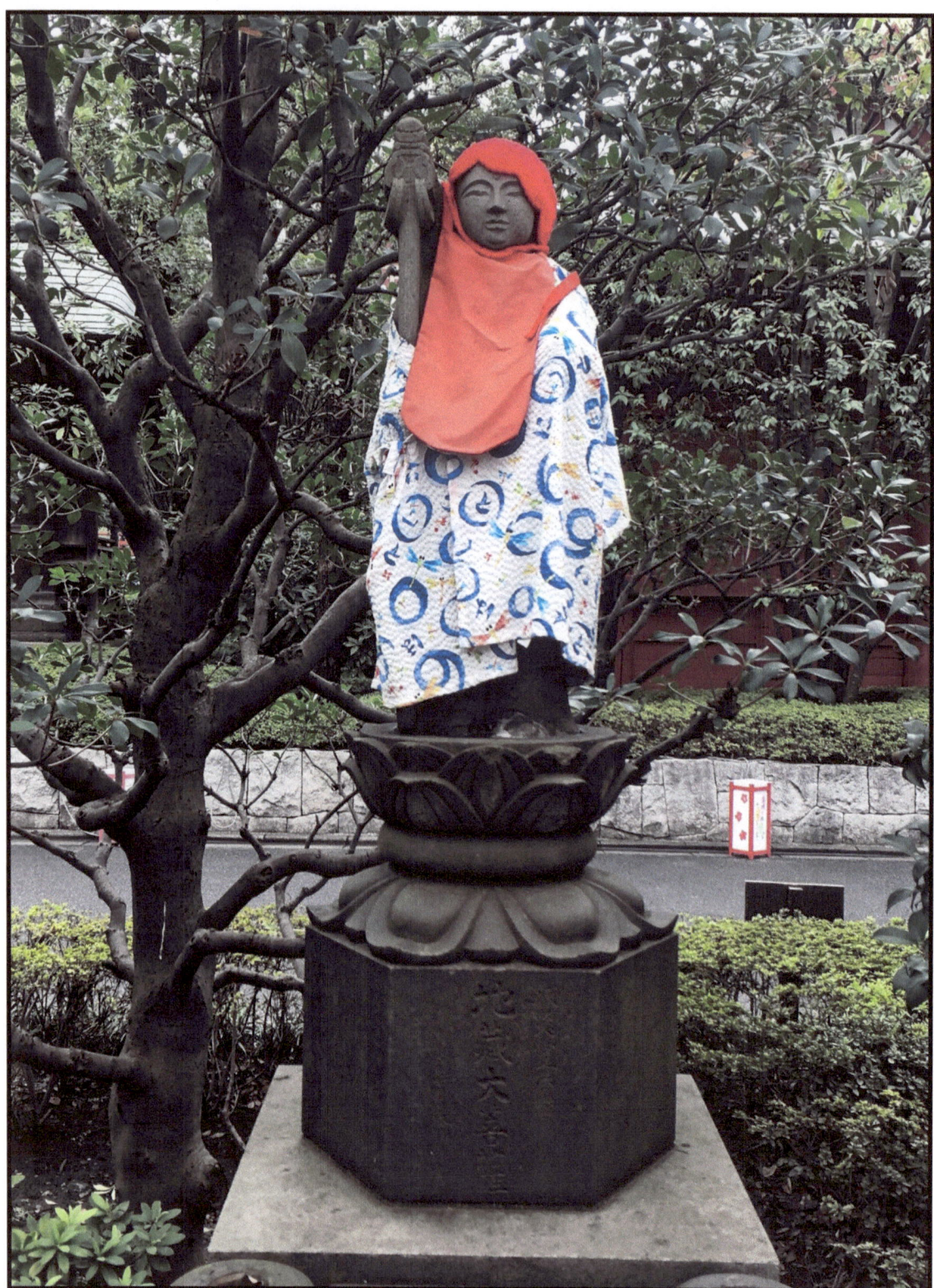

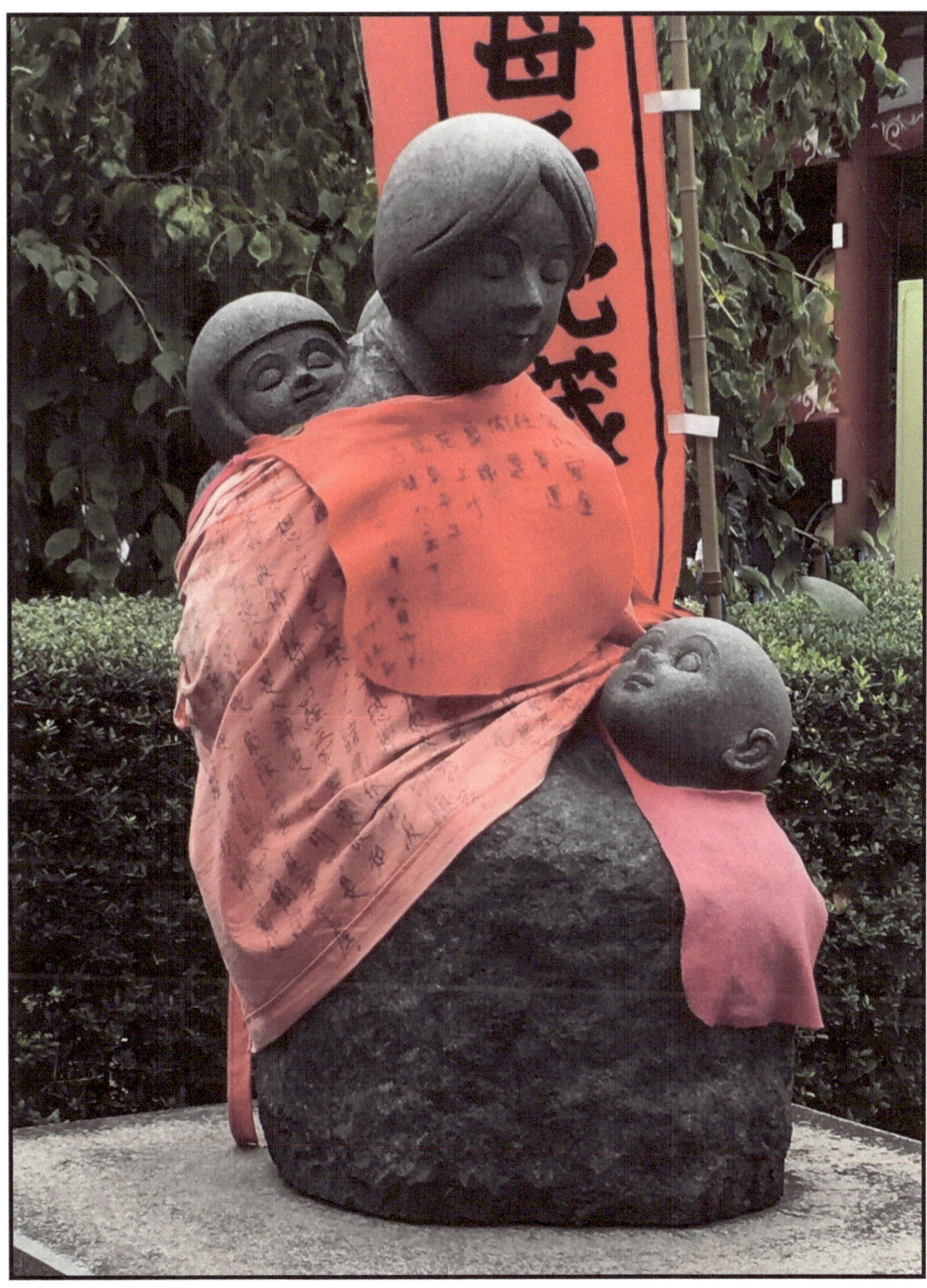

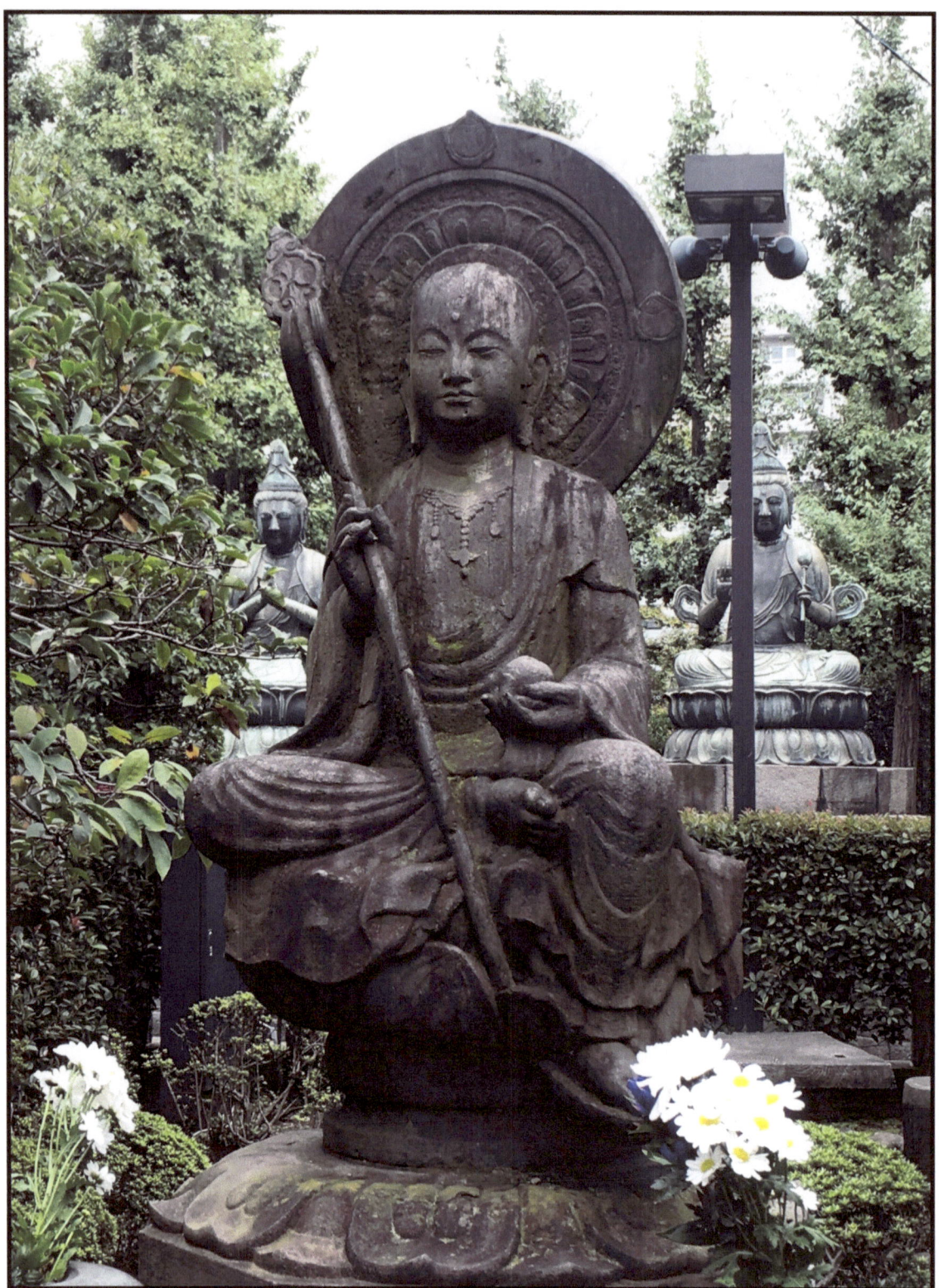

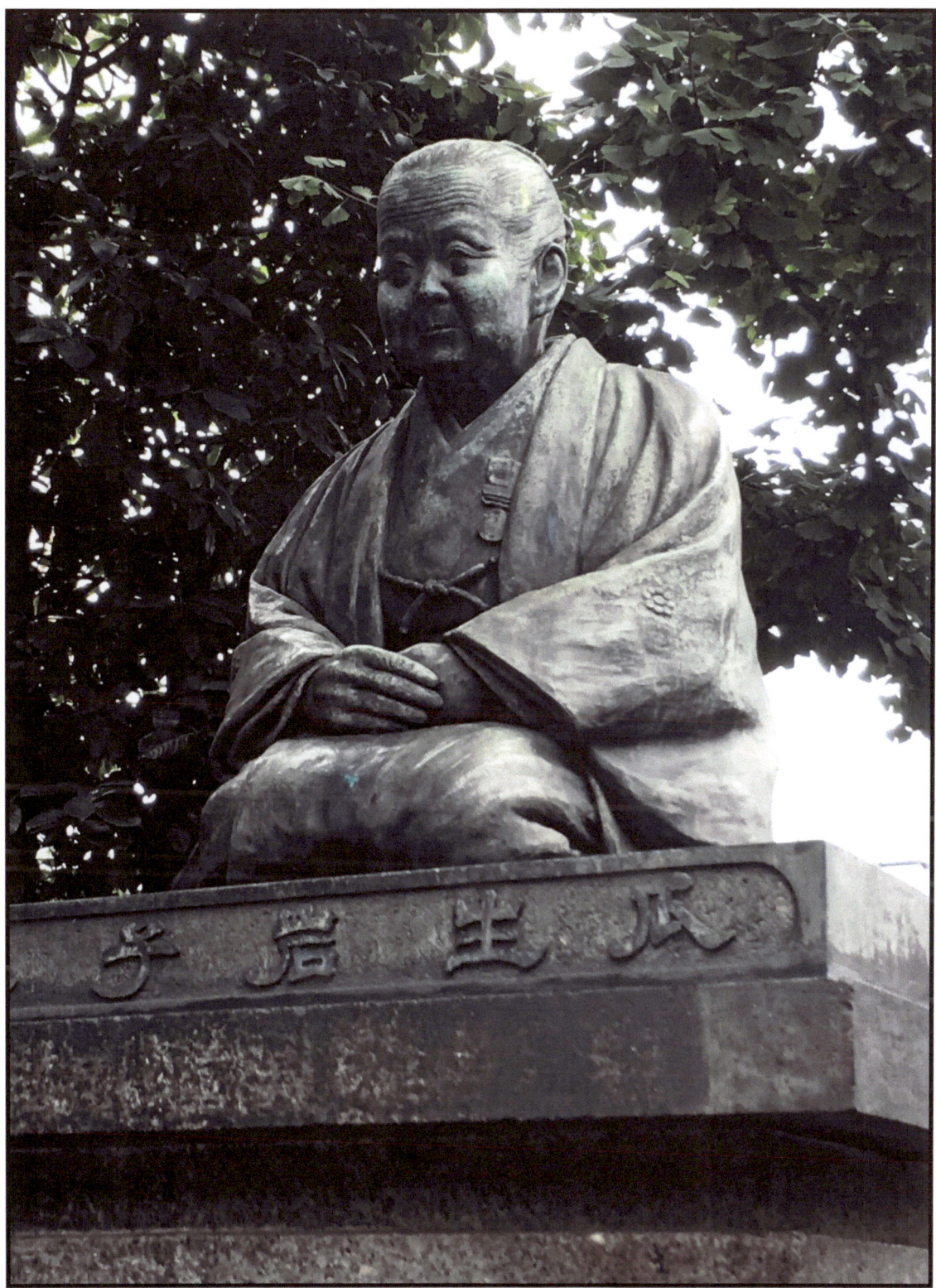

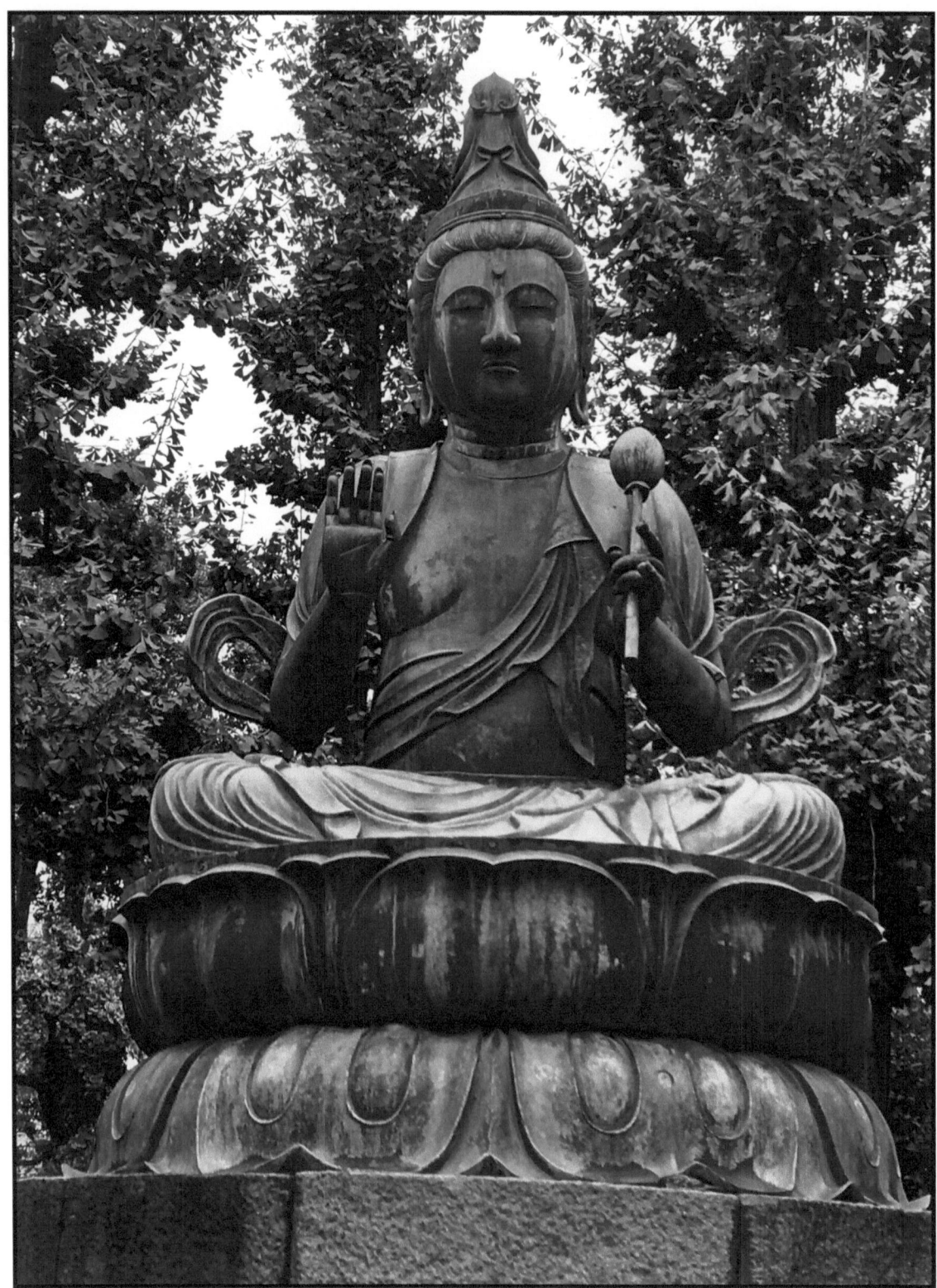

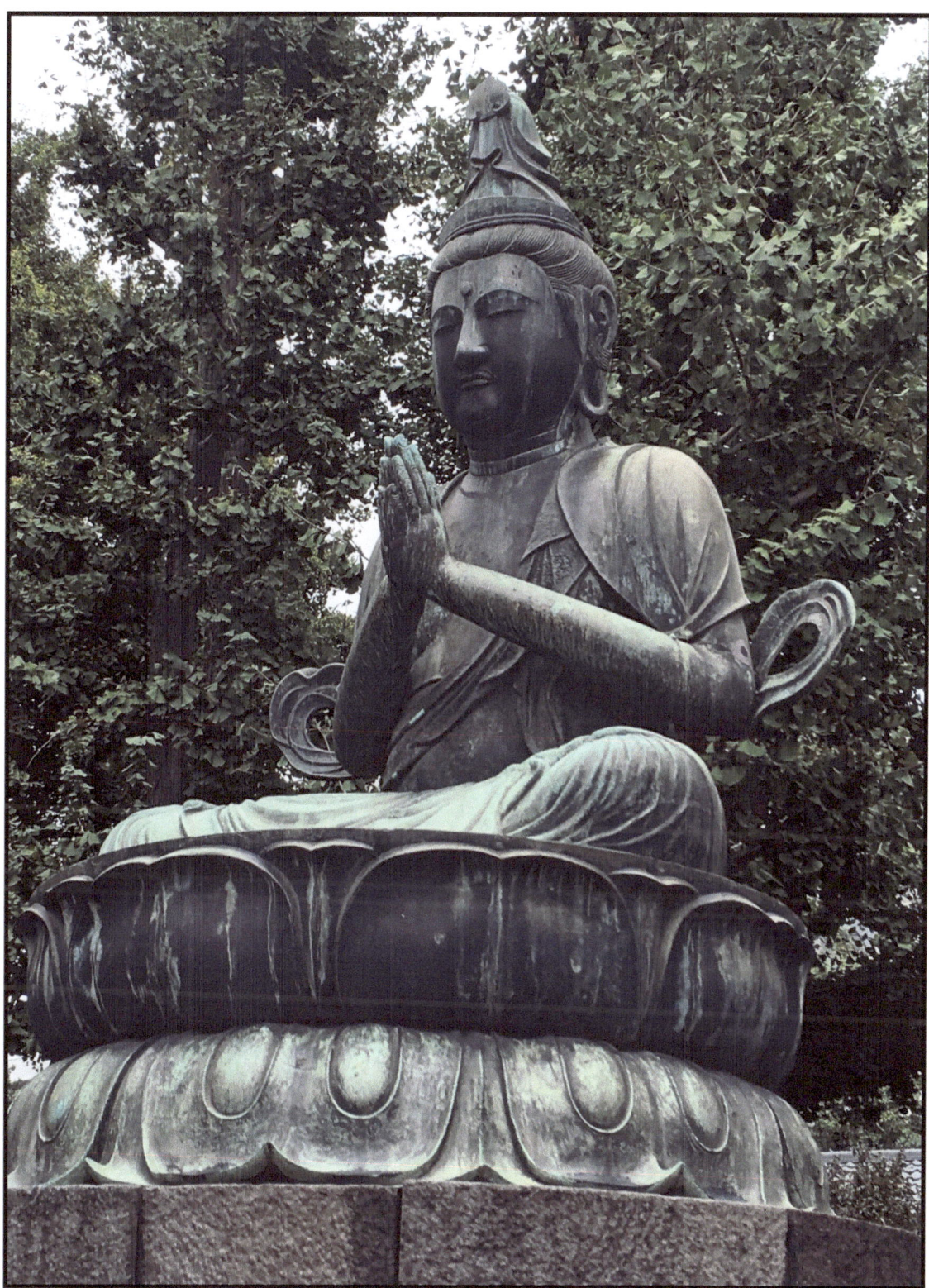

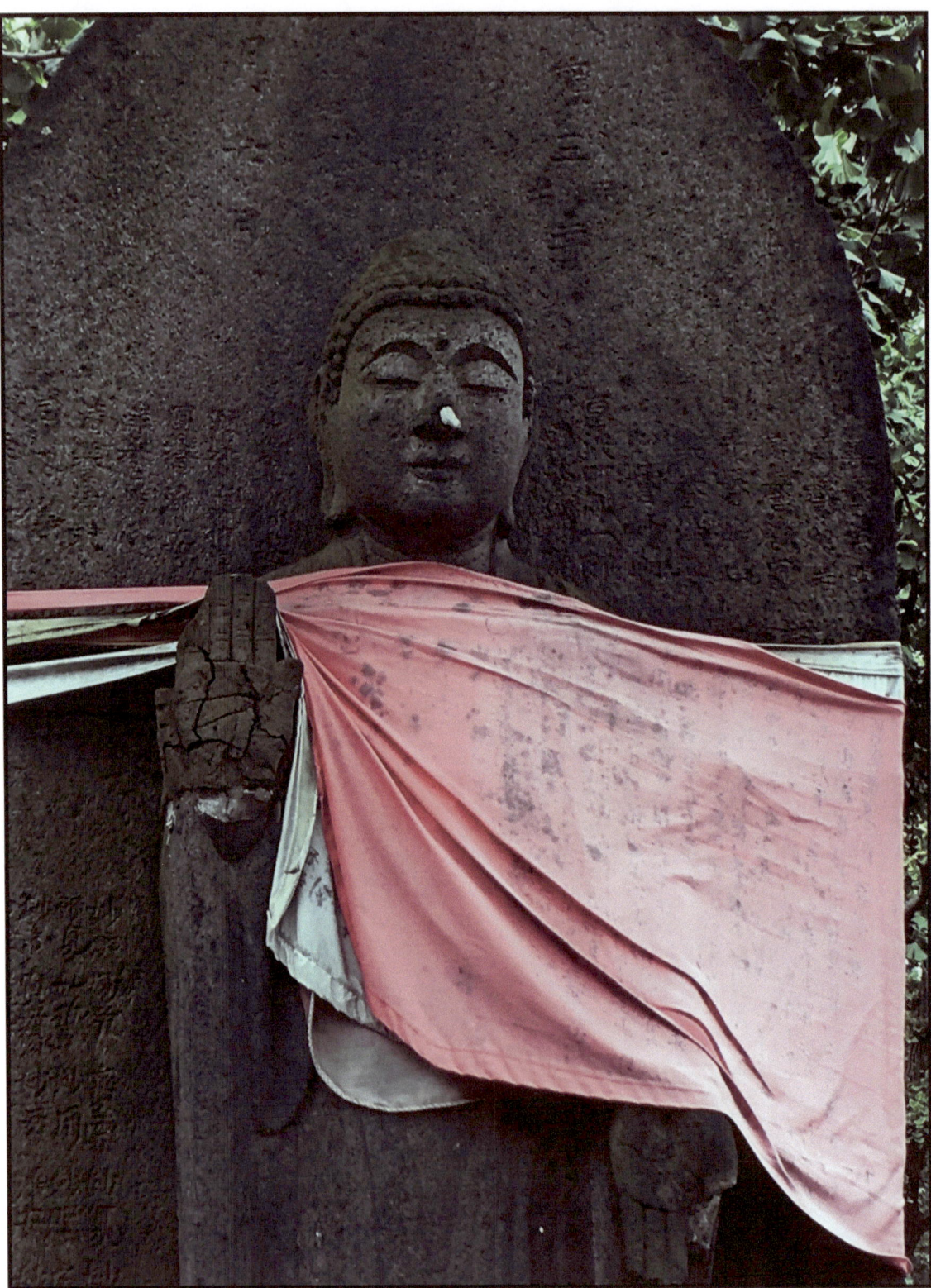

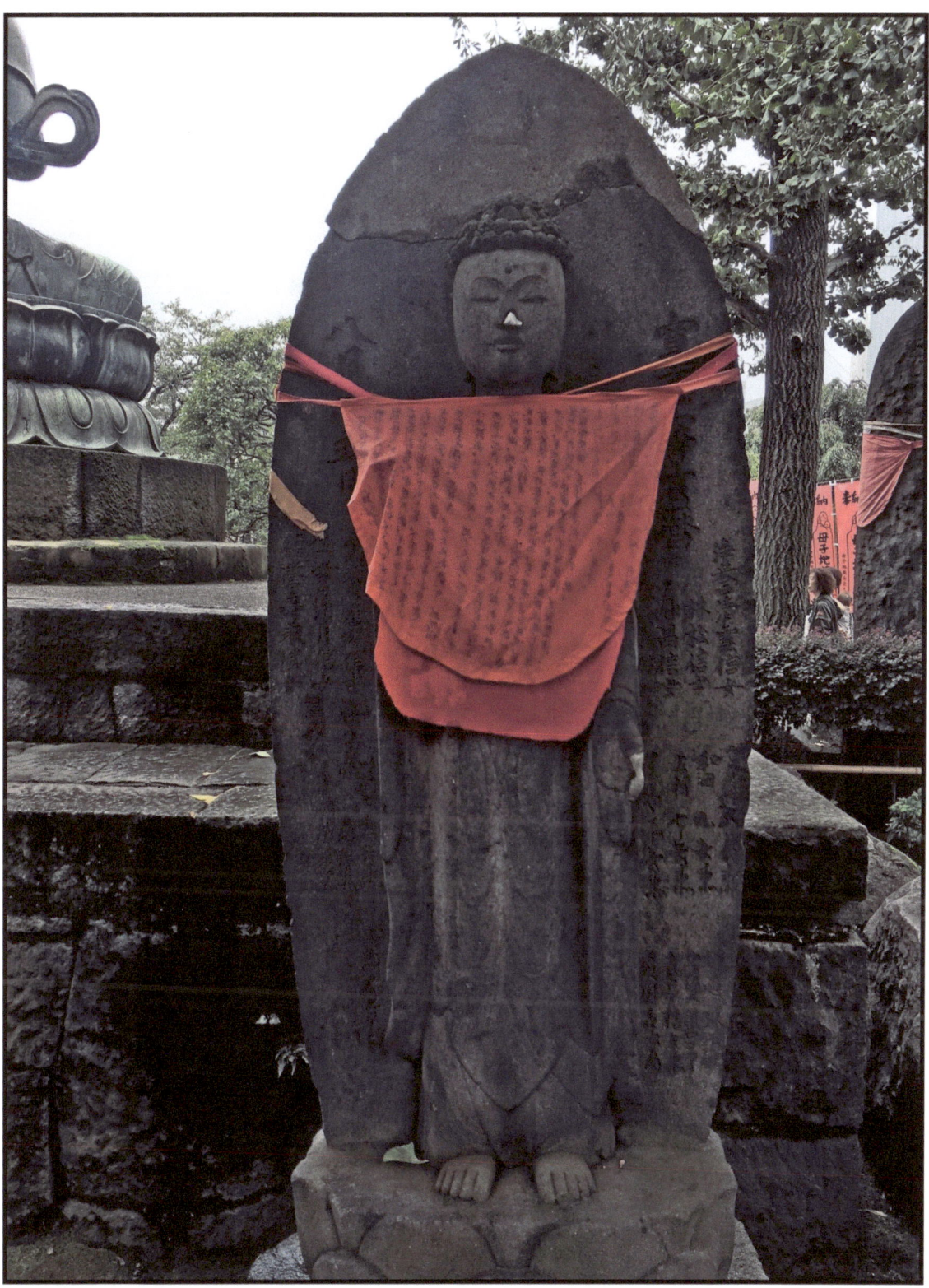

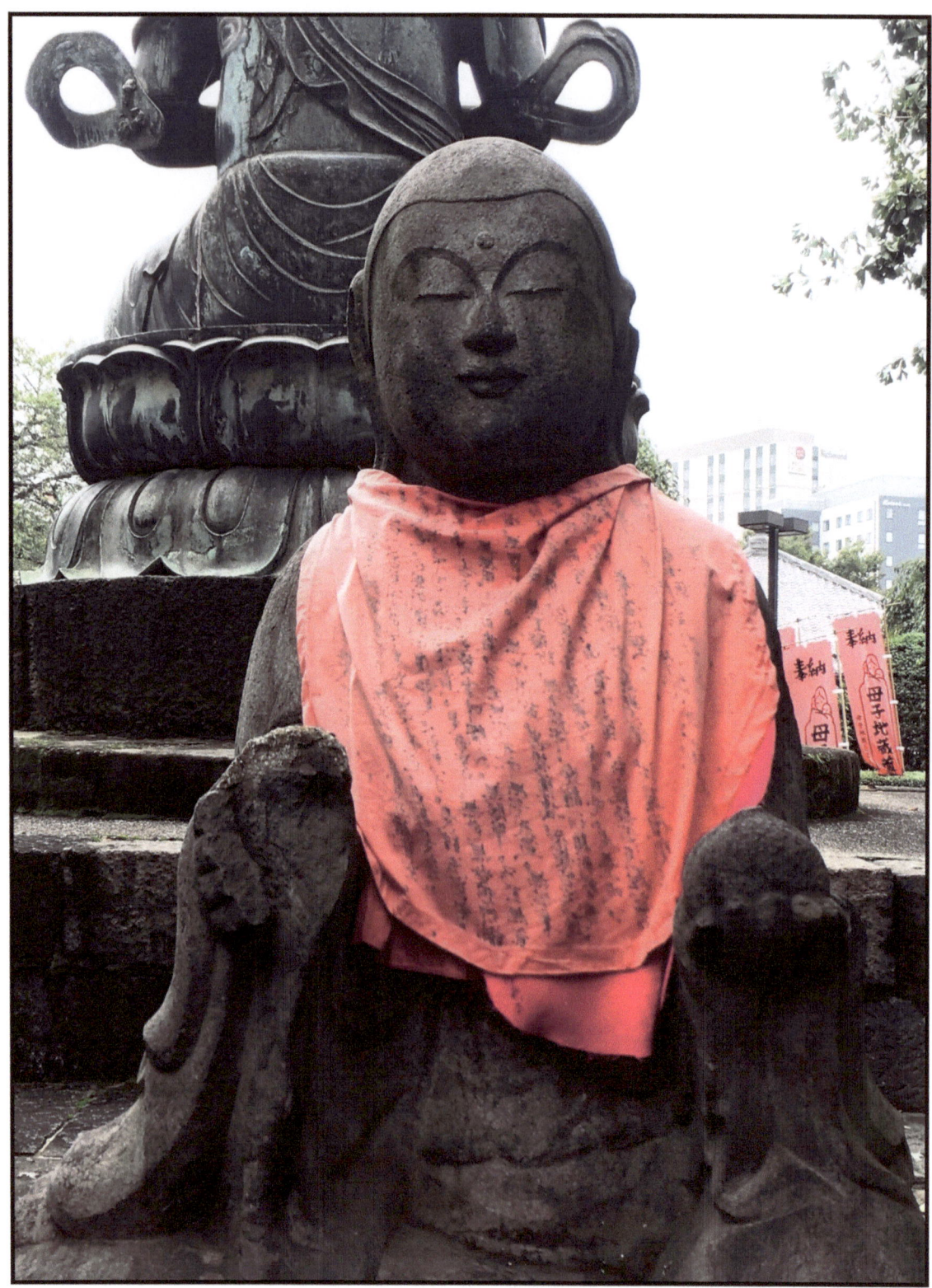

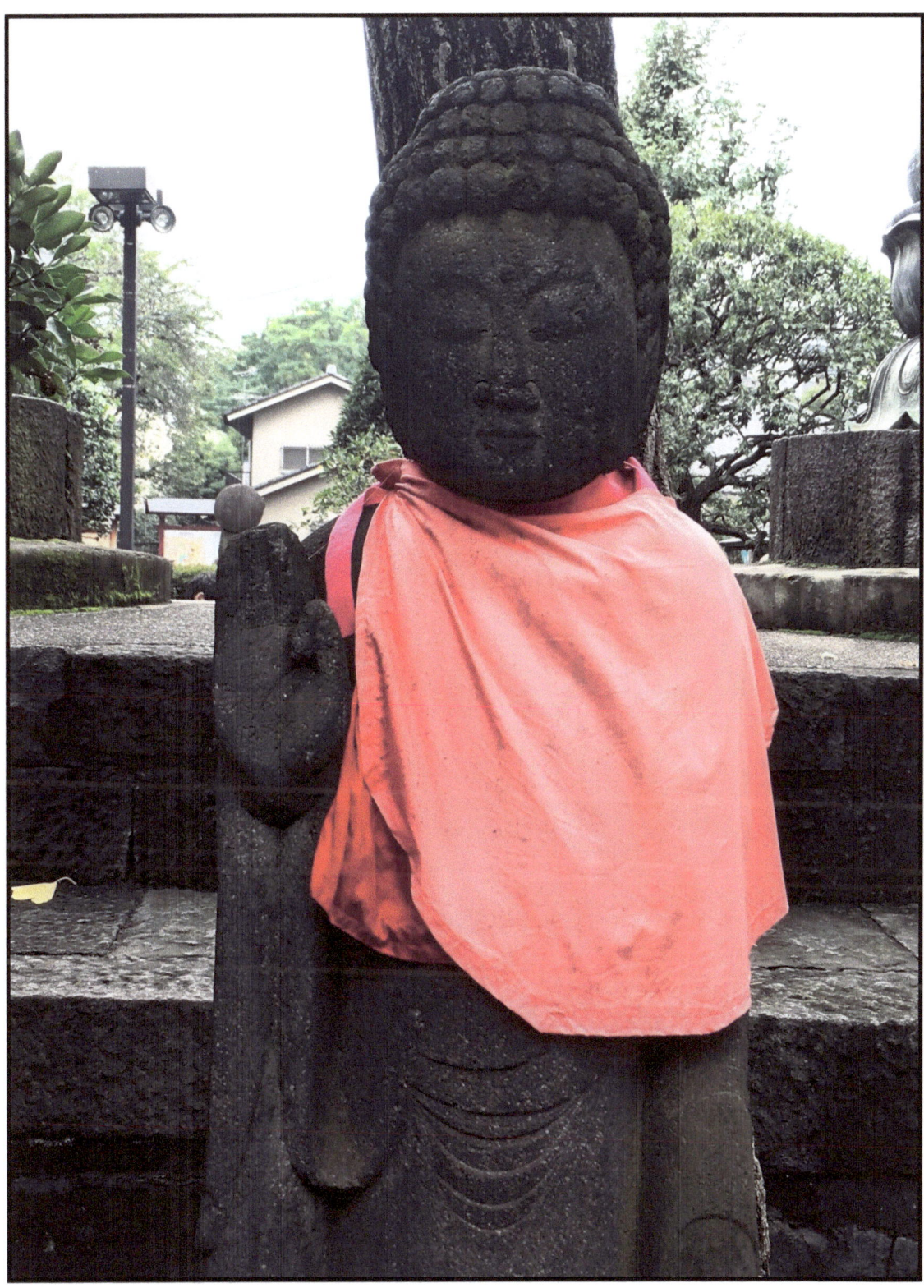

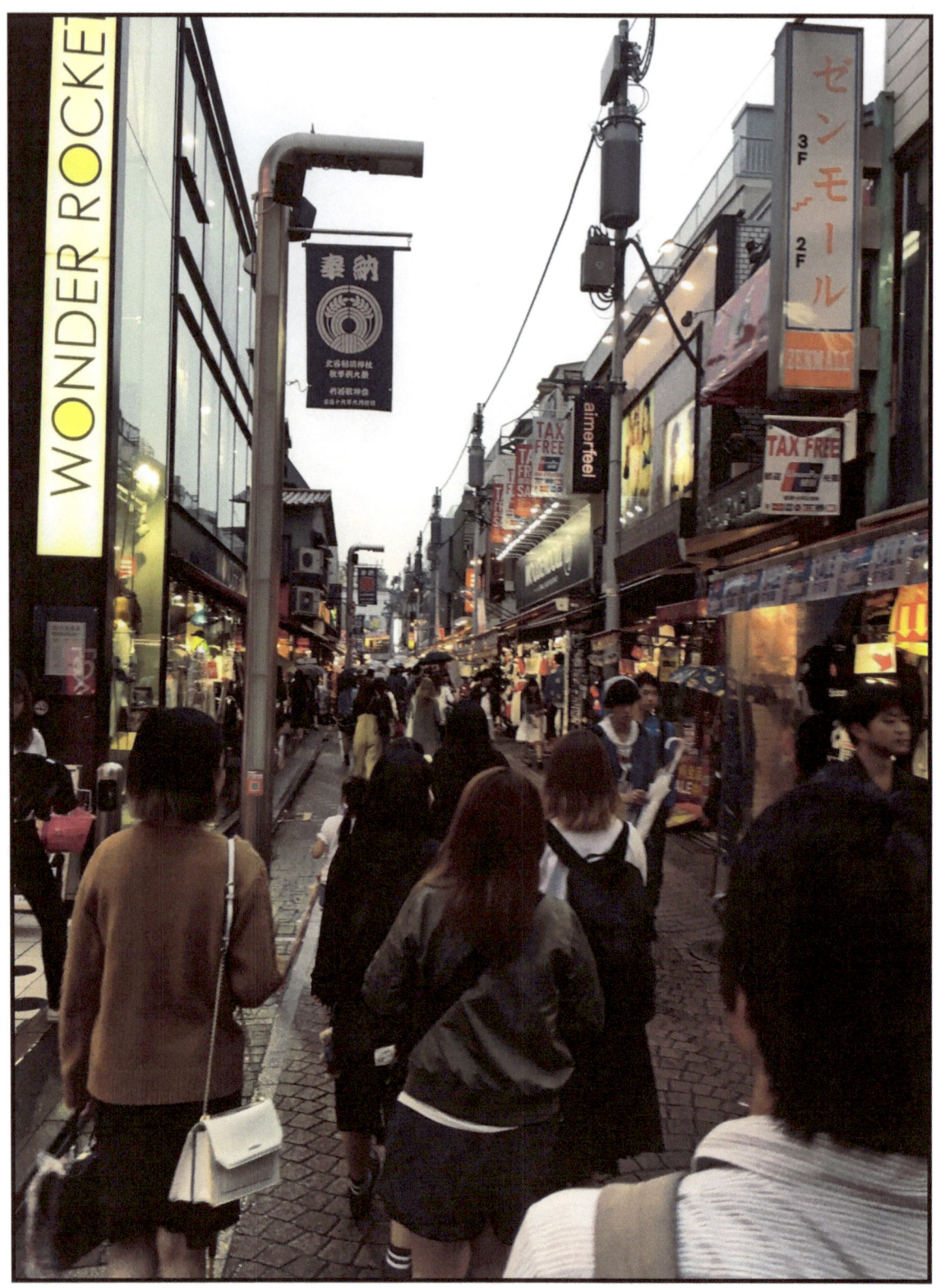

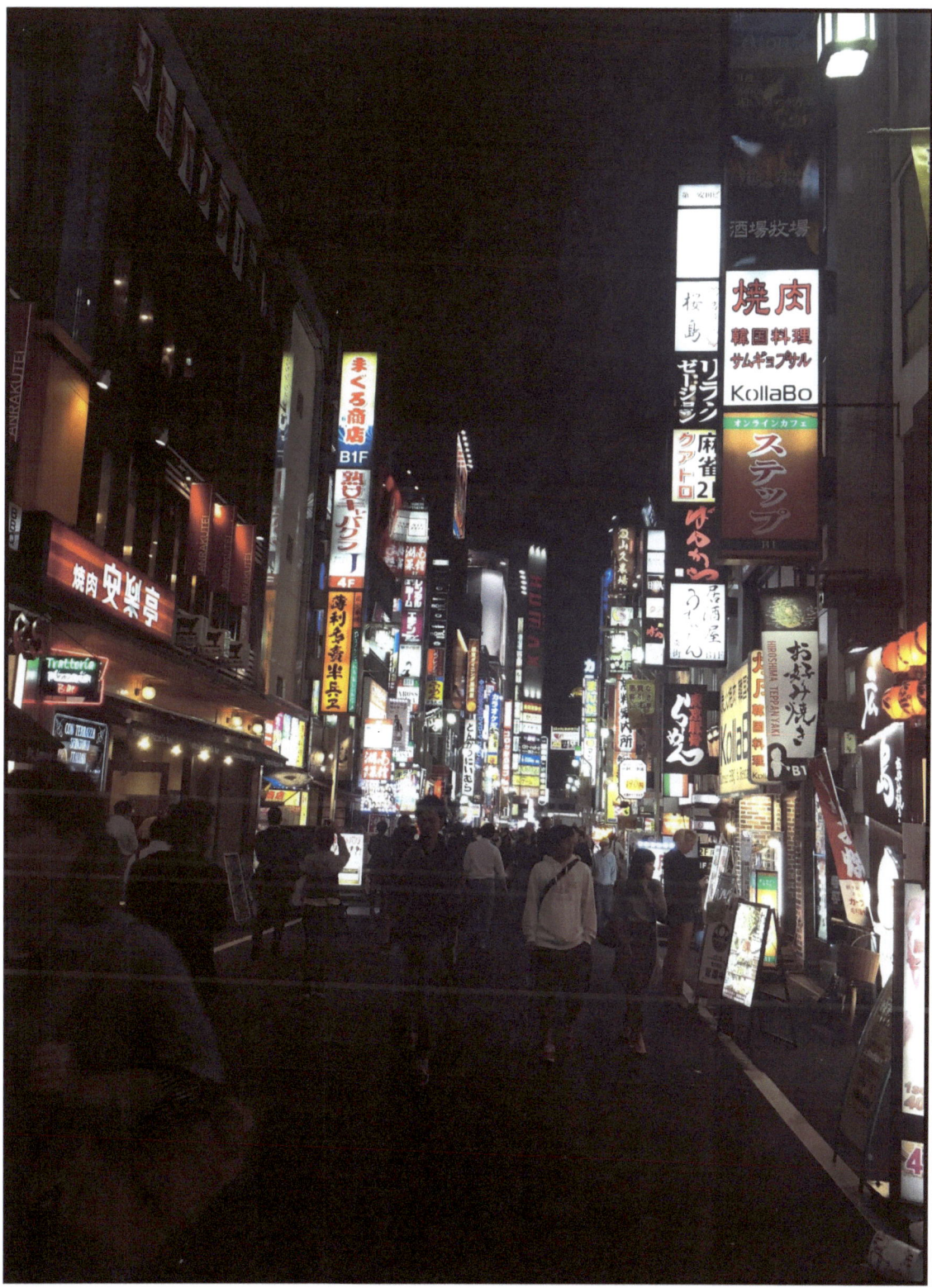

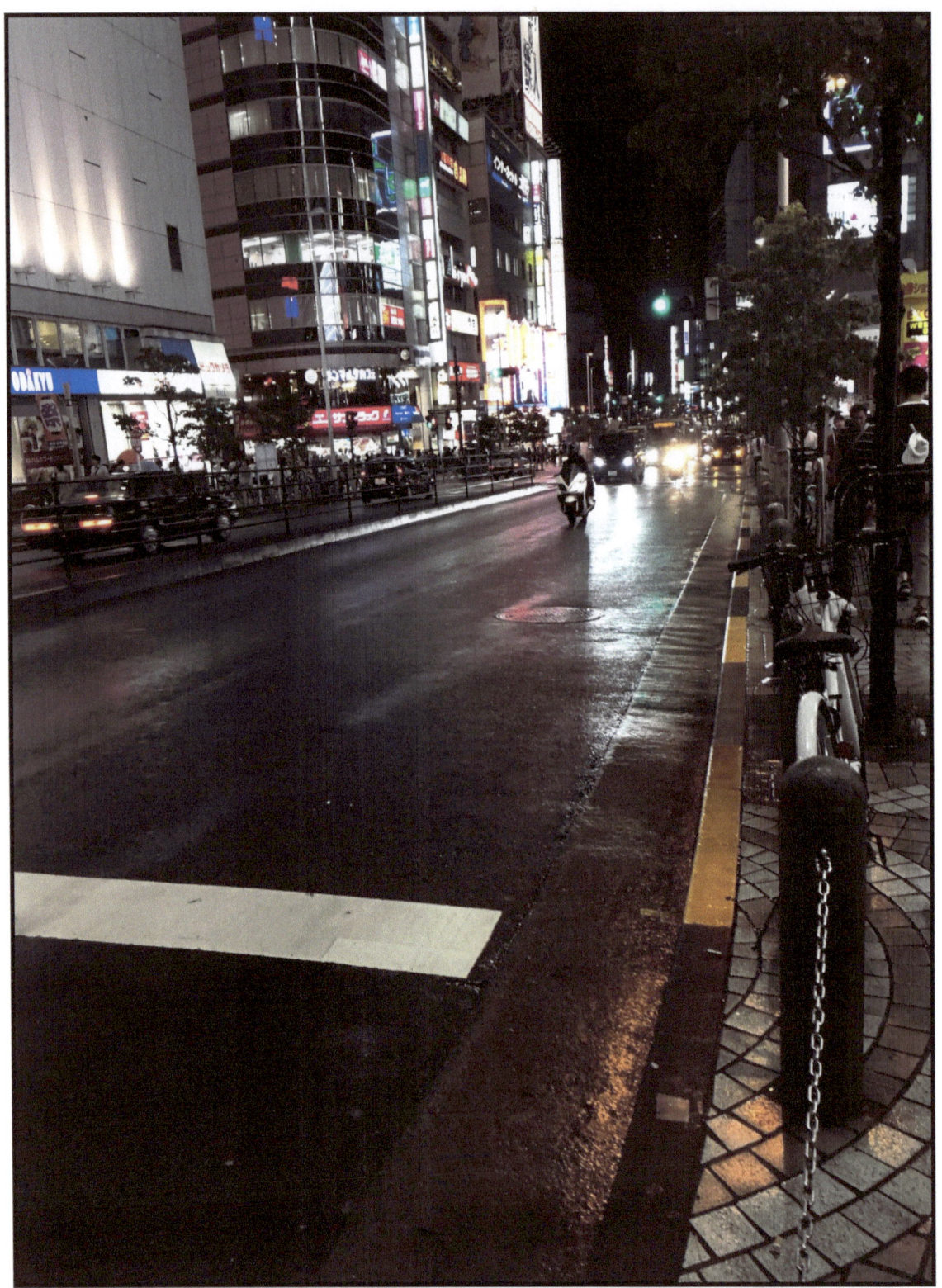

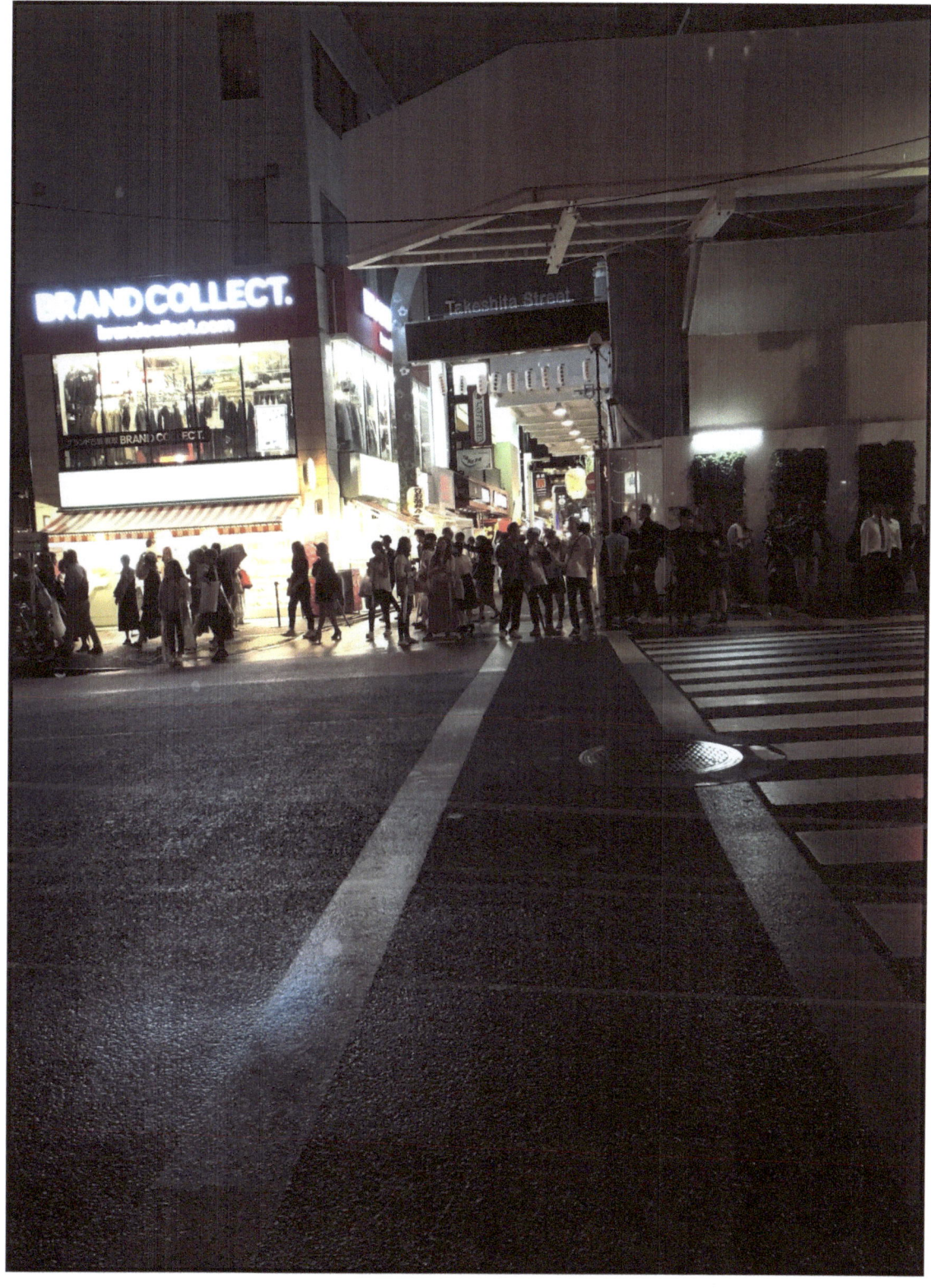

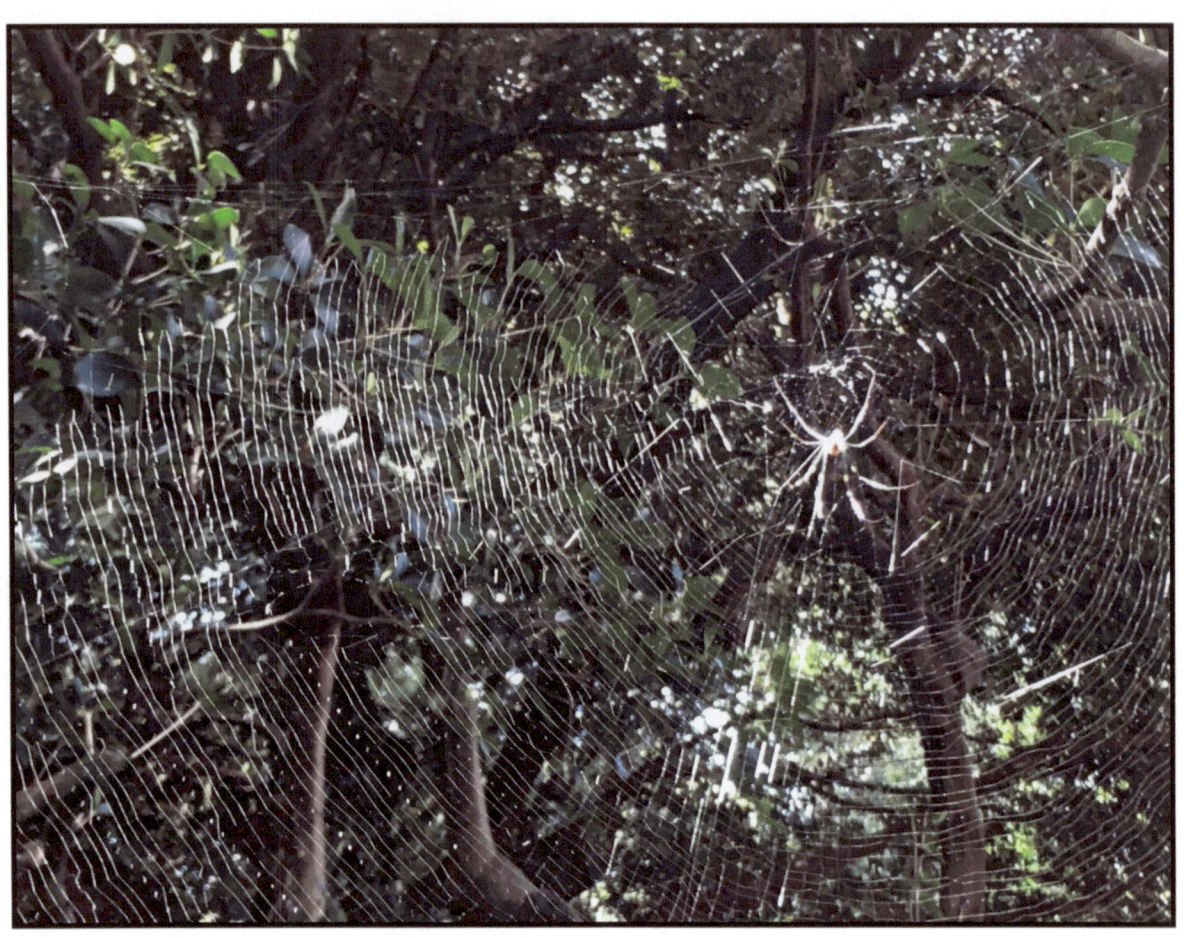

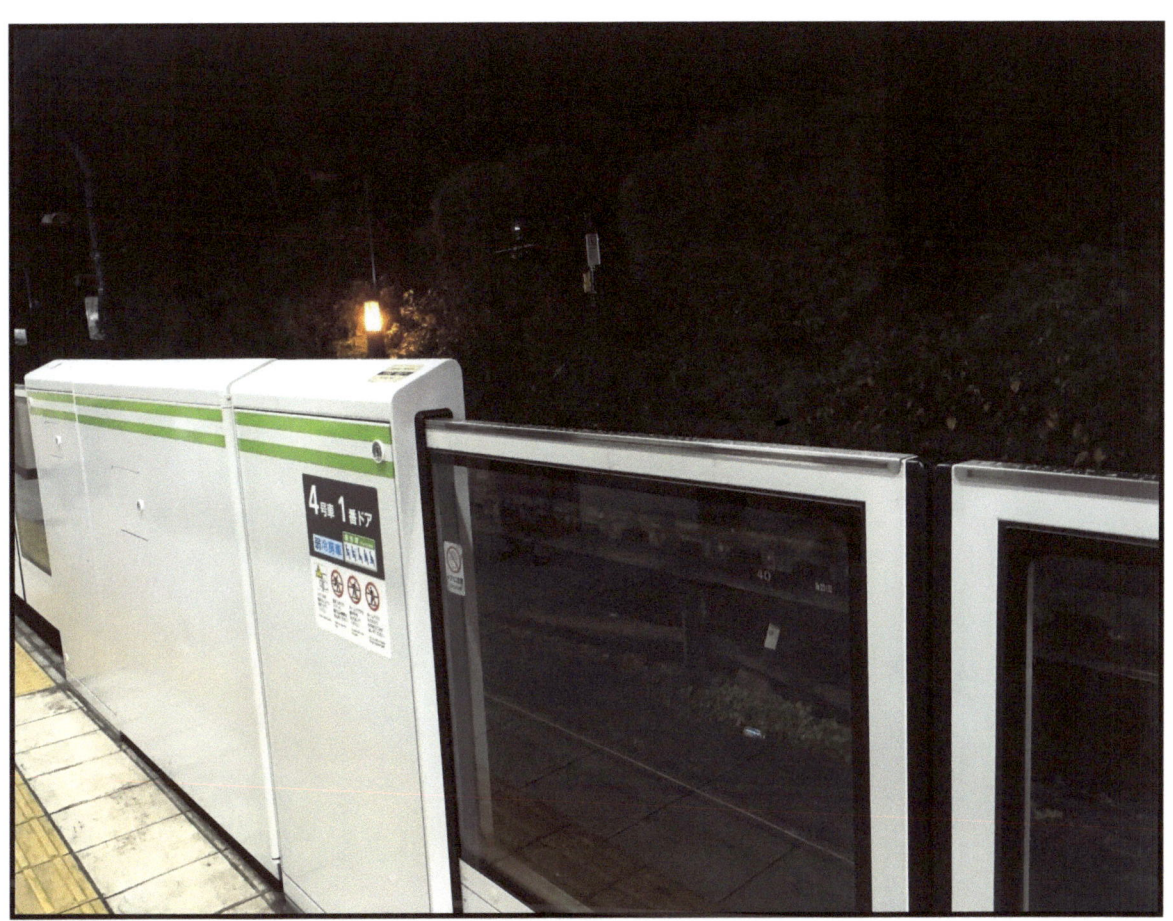

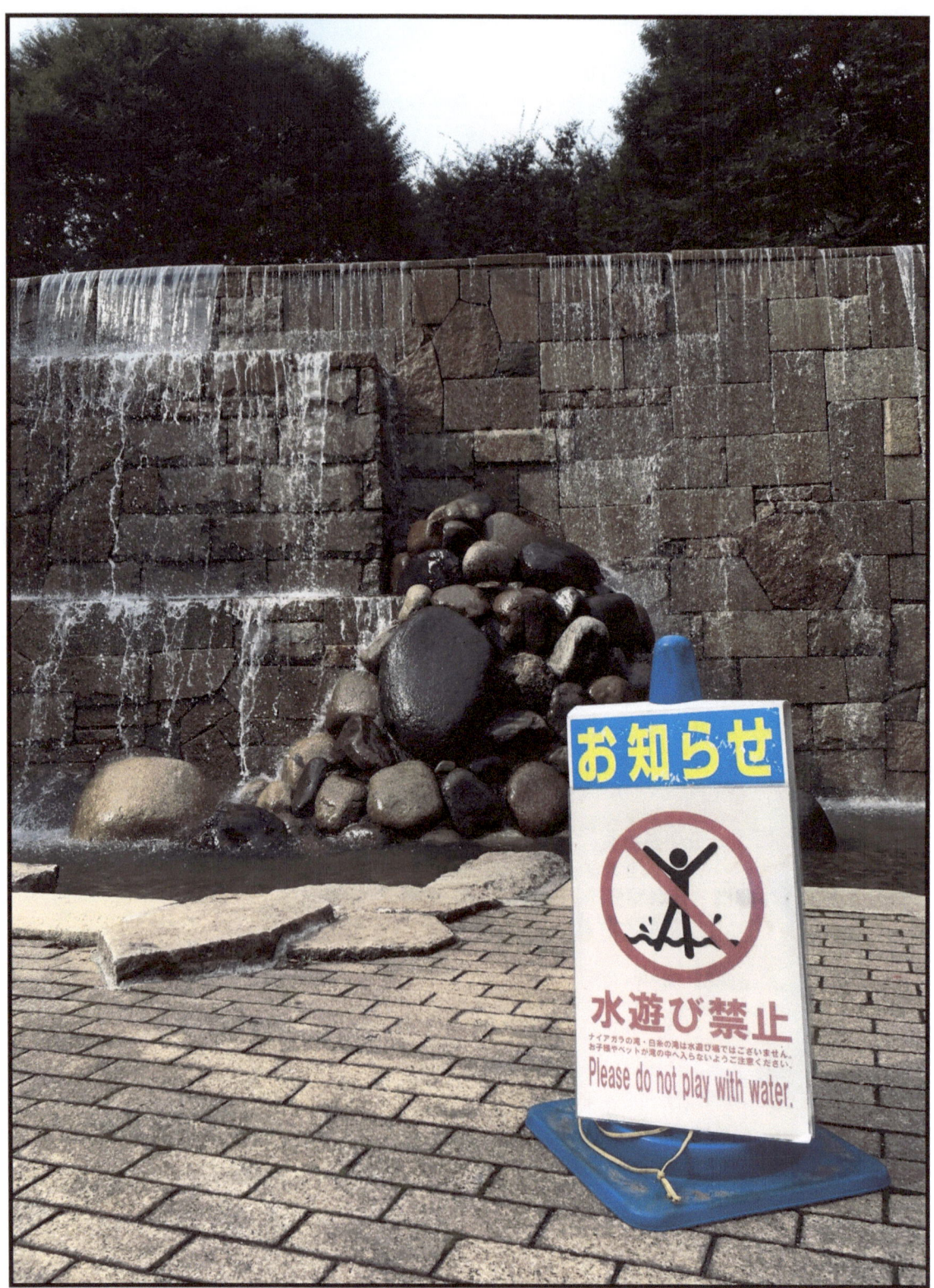

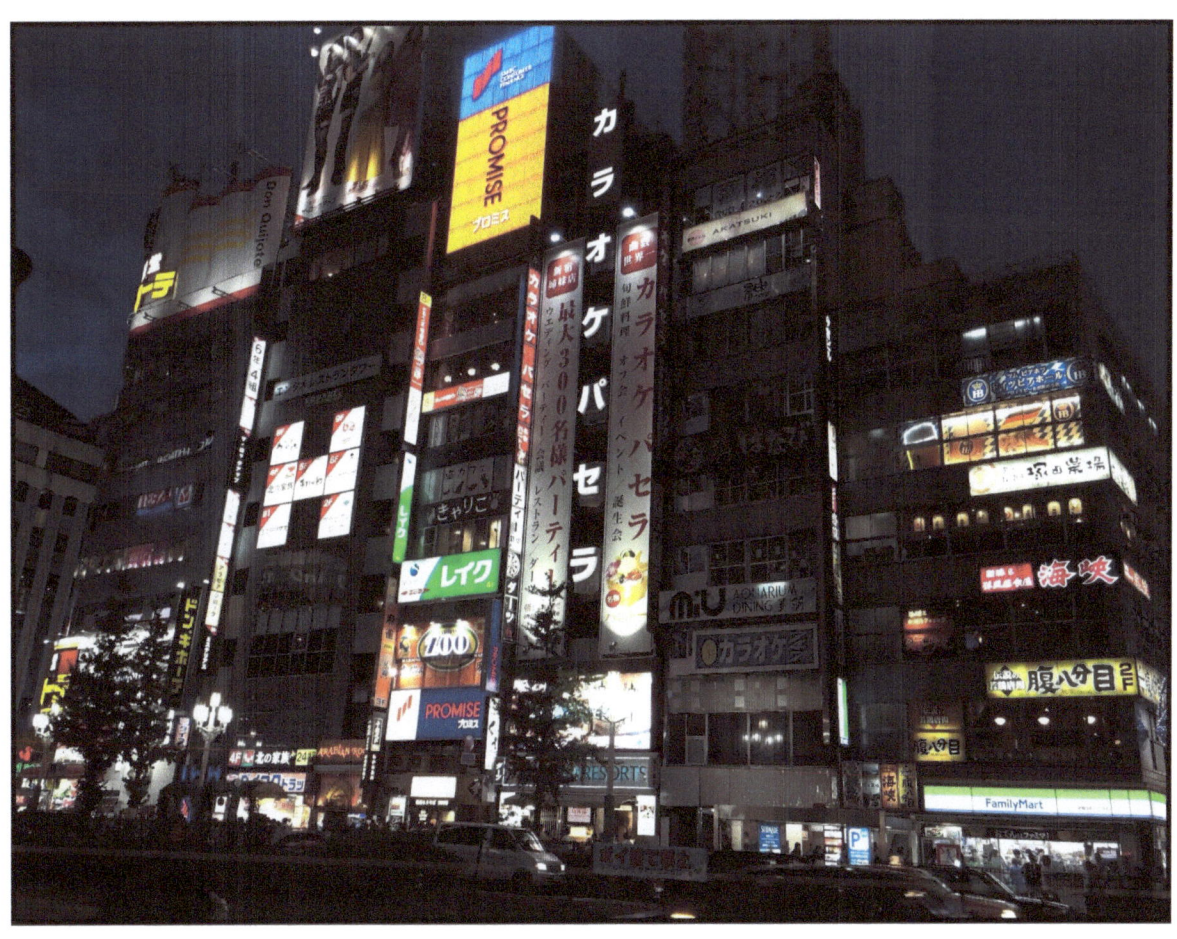

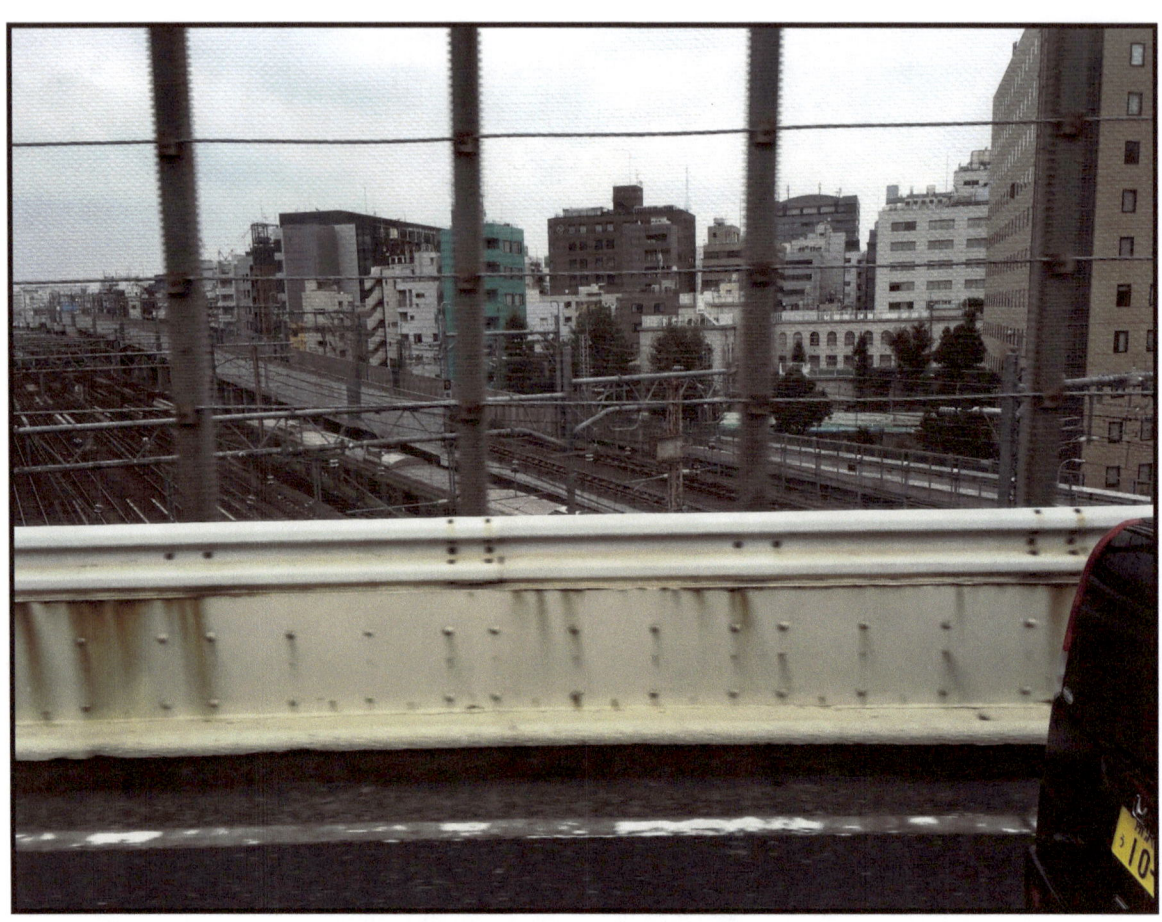

www.ingramcontent.com/pod-product-compliance
Lightning Source LLC
Chambersburg PA
CBHW051150220526
45473CB00003B/720